ANDREA
BRÄU

BETT GEFLÜSTER

ANDREA
BRÄU

BETT GEFLÜSTER

Die besten Kommunikationstipps für Paare

südwest

ISBN 978-3-517-08925-6

Auflage 2013

Hinweis: Das vorliegende Buch ist sorgfältig erarbeitet worden. Dennoch erfolgen alle Angaben ohne Gewähr. Weder Autorin noch Verlag können für eventuelle Nachteile oder Schäden, die aus im Buch gegebenen Hinweisen resultieren, eine Haftung übernehmen.

Redaktionsleitung: Silke Kirsch
Lektorat: Ina Raki
Textbegleitung: Gertrud Teusen
Umschlaggestaltung und Konzeption: zeichenpool, München unter Verwendung einer Illustration von © shutterstock/Kapreski
Layout: Nadine Thiel, kreativsatz, Baldham
Satz: Nadine Thiel, kreativsatz, Baldham
Druck und Verarbeitung: GGP Media GmbH, Pößneck

Printed in Germany

FSC www.fsc.org
MIX
Papier aus verantwortungsvollen Quellen
FSC® C014496

Verlagsgruppe Random House FSC®-N001967
Das für dieses Buch verwendete FSC®-zertifizierte Papier *Munken premium cream* liefert Arctic Paper Munkedals AB, Schweden.

Inhalt

Vorwort

In diesem Buch geht es um Bettgeflüster. Damit meine ich vor allem: das Reden, die Verständigung, den Austausch über den Sex. Denn in meiner täglichen Arbeit ist die Sexualität der Menschen das immer wiederkehrende Thema. Dabei steht ein Konflikt im Mittelpunkt: die mangelnde oder sogar völlig fehlende Kommunikation.

Sex sollte in erster Linie Spaß und Freude machen. Ich persönlich bin davon überzeugt, dass Sexualität eine der größten Energiequellen des Menschen ist und in einer Partnerschaft das „Paar-Immunsystem" nachhaltig stärkt. Vielleicht kennen Sie selbst das Gefühl, wenn man *es* getan hat – und sich danach alles ein bisschen anders, besser, leichter anfühlt? Wir haben mehr Energie, fühlen uns vitaler ... das partnerschaftliche Immunsystem ist gestärkt und schon regen einen die herumliegenden Socken des anderen kaum mehr auf. So beschreiben es viele Paare.

Wir Menschen haben ein immenses Entwicklungs- und Wachstumspotenzial, daran glaube ich fest. Und dennoch richten sich Frauen und immer häufiger auch Männer in einer „Bequemzone" ein, in der die sexuellen Aktivitäten zu einer Pflichtübung geschrumpft sind. Während Männer vor allem die klägliche Quantität bemängeln, beklagen Frauen häufiger die Qualität. Von Spaß und Freude ist jedenfalls meist nicht mehr viel zu spüren, von Liebe schon gar nicht.

Es gibt unzählige Bücher über sexuelle Techniken und Praktiken, doch die helfen meiner Meinung nach nicht, das Problem zu lösen, denn Sexualität ist so viel mehr als eine körperliche Gymnastikstunde. Sie bietet eine Möglichkeit, sich mit sich selbst zu konfrontieren, sich auszuprobieren, Grenzen zu erfahren und manchmal vielleicht sogar zu überschreiten, was sich auf das eigene Selbstwertgefühl auswirkt. Zu wirklich erfüllender und befriedigender Sexualität finden wir nicht durch detaillierte Anleitungen zum Orgasmustraining und Turnübungen, sondern indem wir uns auf wirkliche Intimität einlassen. Indem wir uns auf den Partner einlassen, und zwar weit mehr als nur körperlich. Und hier liegt das eigentliche Problem: in unseren Ängsten, uns dem anderen so zu zeigen, wie wir wirklich sind. Nur so erreichen wir Tiefgang und Lebendigkeit in Partnerschaft und Sexualität.

In meiner Arbeit erlebe ich immer wieder, dass unglaublich viele Menschen gar nicht wissen, wer sie eigentlich sind, sondern dass sie zu etwas geformt wurden, das ihnen im Grunde ihres Herzens gar nicht entspricht. So etwas wirkt sich früher oder später immer als Lebenskrise aus, sei es in Form von Krankheit, Trennung oder zumindest Beziehungskrisen. Denn gerade in Beziehungen, in der Auseinandersetzung mit einem Partner, lauert enormes Wachstumspotenzial.

Weil das Thema Mensch ebenso komplex wie spannend ist, habe ich versucht, es so einfach wie möglich darzustellen. An manchen Punkten ist es jedoch unumgänglich, ein bisschen tiefer einzusteigen, denn Ihnen hier mit ein paar oberflächlichen Tipps zu einer erfüllenden Sexualität verhelfen zu wollen, wäre grob fahrlässig.

Es geht mir keinesfalls darum, Menschen die Devise „Man muss Sex haben" oder „Das gehört aber in einer guten Partnerschaft dazu" überzustülpen, ganz im Gegenteil. Jedes Paar entscheidet ganz individuell, wie es leben will. Mit Sex, ohne Sex, mit schlechtem Sex, mit gutem Sex ... oder sehr wahrscheinlich: mit irgendwas dazwischen. Passt es für beide, gibt es auch kein Problem. Falls sich jedoch nur einer von zweien zum sexuellen Ausstieg oder zur Enthaltsamkeit entscheidet, muss man auch darüber reden.

Weil Sie dieses Buch jetzt in der Hand halten, setze ich einfach voraus, dass Sie ein gewisses Interesse an dem Spannungsdreieck „Partnerschaft – Kommunikation – Sexualität“ haben und daran, Ihren ganz persönlichen Weg zu finden.

Mein Anliegen ist es, über dieses Buch Ihrer Kommunikation in Sachen Sexualität auf die Sprünge zu helfen und sie Ihnen zu erleichtern. Sexualität ist Kommunikation. Denn ganz ehrlich, Sie wissen doch selbst, dass Sie „nur“ darüber sprechen müssten, um das zu bekommen, was Sie wollen. Aber genau das ist ja das Problem! Viele können das nicht – es fällt ihnen oft sogar leichter, mit der besten Freundin über sexuelle Wünsche zu sprechen, als mit dem eigenen Partner! Aber Sex wollen Sie doch mit diesem haben, oder? Darum geht es in diesem Buch: Es enthält Tipps für die direkte, verbale Kommunikation, aber auch alternative Anregungen, wie Zeigen, Schreiben, Hören, Lesen, Spielen, Zeichnen.

Ich möchte Sie an die Hand nehmen, dazu einladen, neue Erfahrungen zu machen, Sie ermutigen und inspirieren. Aber gehen müssen Sie immer noch selbst. Und vor allem müssen Sie das auch wirklich wollen.

Viel Erfolg und Vergnügen dabei wünscht Ihnen
Ihre Andrea Bräu

Und noch ein kurzes Vorspiel …

Vorab einige Worte zum Inhalt des Buches, damit Sie sich gut zurechtfinden und sofort dort einsteigen können, wo es für Sie am interessantesten ist:

Dieses Buch ist so aufgebaut, dass jedes Kapitel mit einem Fallbeispiel eingeleitet wird, das das Kapitelthema anschaulich illustriert. Möglicherweise erkennen Sie sich in der einen oder anderen beschriebenen Situation wieder? Das ist beabsichtigt …

Kapitel 1 bis 3 enthalten das Handwerkszeug für den Weg zu unverschämt gutem Sex. Diese sollten Sie vorab lesen, wenn Sie sich auch für die Hintergründe der Beziehungskommunikation interessieren.

In den weiteren Kapiteln gehe ich auf verschiedene Situationen ein, die im Laufe einer Beziehung entstehen können. Ich habe darin Informationen, Tipps, Anregungen und Ideen für Sie zusammengefasst, die in den unterschiedlichen Phasen des Beziehungslebens nützlich sind:

- Sie sind schon einige Jahre als Paar zusammen und möchten Ihre Kommunikation und Ihr Liebesleben verbessern? Im Kapitel 4 ab Seite 64 finden Sie Tipps für Paare, die nach dem Abklingen der Verliebtheit den Weg in eine intensive und leidenschaftliche Liebesbeziehung suchen.
- Bekommen Sie gerade Kinder oder haben bereits welche? Im Kapitel 5 ab Seite 81 finden Sie vor allem Ideen, wie Sie sich während der Schwangerschaft und in einer jungen Familie weiterhin eine erregende Sexualität und Freiräume als Paar schaffen.
- Im Kapitel 6 ab Seite 100 habe ich Ideen und Anregungen für die Paare zusammengestellt, die nach dem Heranwachsen der Kinder wieder mehr Zweisamkeit leben können und wollen.

- Nicht jeder Konflikt ist lösbar. Manchmal stellt man als Paar auch fest, dass man sich so weit auseinandergelebt hat, dass eine Trennung nötig wird. Und danach gibt es möglicherweise einen Neuanfang mit einem anderen Menschen? Mehr dazu lesen Sie im Kapitel 7 ab Seite 113.
- Für alle, die nicht genug bekommen können: Noch mehr Tipps für innige Kommunikation, heißes Sexgeflüster, ungeahnte Abenteuer mit Ihrem Liebsten gibt es im Kapitel 8 ab Seite 126.

Kapitel 1
Kommunikation – mehr als einfach nur reden …

Haben Sie heute schon geredet? Gesimst, gemailt, gechattet, geschrieben – kurz: in irgendeiner Form kommuniziert? Mit Ihrem Partner? Oder mit einem anderen Menschen? Ob Sie es glauben oder nicht: Beziehung basiert auf Kommunikation, Sex und Liebe ebenso. In diesem Kapitel geht es um die Fragen: Was ist Kommunikation – und warum haben gerade Paare so oft Probleme damit?

Beziehungsstillstand nach Kommunikationsflaute

MEINE KLIENTEN:
Richard (43) und Manuela (41), seit 9 Jahren ein Paar, zwei Kinder (4, 7)

WARUM SIE BEI MIR SIND: *Sie hatte einen Seitensprung, er fühlt sich mitverantwortlich. Denn beiden ist insgeheim klar: Sie leben seit Jahren nur neben- statt miteinander.*

Ich frage wie immer zuerst nach der Geschichte des Paares, das da vor mir sitzt. Manuela und Richard erzählen, sie mehr als er. Folgende Geschichte erfahre ich: Sie lernten sich vor neun Jahren kennen und waren anfangs beide voneinander fasziniert, weil sie sehr unterschiedlich sind: Richard ist als Einzelkind in einer sehr wohlhabenden Familie aufgewachsen, Manuela als älteste von drei Schwestern in einer bürgerlichen Familie. Beide begeisterte das Ungewohnte, das Fremde am anderen. Die Beziehung lief in der ersten Zeit – da sind sich beide einig – „normal“ und gut, aber Kommunikation spielte darin von Anfang an keine große Rolle.

Bald zogen sie zusammen – auch weil sie schon nach kurzer gemeinsamer Zeit das erste Kind bekamen, mit dem Manuela zu Hause blieb. Richard bewies sich als sehr liebevoller Vater, der sich auch zeitlich stark einbrachte. So gab es zwei Jahre später noch ein weiteres Kind, was Manuela eigentlich nicht unbedingt „gebraucht“ hätte. Richard aber wollte gern mehrere Kinder.

Der Alltag zog schnell ein. Er war der Hauptverdiener und Versorger der Familie, sie managte den Haushalt und die Kinder. Richard schlug Manuela jedoch immer häufiger vor, doch auch wieder arbeiten zu gehen. Er wollte sie dabei unterstützen, bewusst viel Zeit mit den Kindern verbringen und strebte nicht die klassische Karriere an. Tatsächlich passte das Manuela gar nicht – und führte dazu, dass Geld immer ein Thema zwischen ihnen war.

Und beim Sex? Nach einigem Gedruckse kommt heraus: Es gab praktisch keine Kommunikation zum Thema Sex. Der lief so mäßig vor sich hin, dann gab es ja auch bald die Kinder, sodass ohnehin nur noch wenig Zeit für Sex blieb. Richard hatte immer mehr das Gefühl, dass Manuela nicht angefasst werden und ihre Ruhe vor ihm haben möchte. Erst hier in der Therapie stellt sich heraus: Manuela dachte die ganze Zeit: „Wann ergreift er endlich mal die Initiative?“ Aber das hatte sie Richard all die Jahre nicht gefragt. Sie gängelte ihn lediglich hin und wieder mit Aussagen wie „Du kommst nie in die Puschen“.

Richard hingegen wollte sie auf keinen Fall bedrängen, was nicht daran lag, dass er sie nicht attraktiv fand! Er wäre sehr gern öfter von ihr verführt oder angemacht worden, aber das kam in all den Jahren nur zwei- oder dreimal vor. Aber auch er sagte nichts. Jahrelang.

Natürlich veränderte sich die Situation nicht zum Guten, da beide vor allem darauf warteten, dass der andere die Initiative ergreift und die Verantwortung für die Beziehung übernimmt, indem er die Kommunikation in Gang bringt. Deshalb fand ich es nicht sonderlich überraschend, dass nach neun Jahren einer von beiden ausgebrochen war. Lediglich, dass es so lange gedauert hatte.

Wir leben in einer Welt mit schier unbegrenzten Kommunikationsmöglichkeiten. Trotzdem – oder vielleicht gerade deshalb – sind wir oft „sprachlos", wenn es um die zwischenmenschliche, die direkte Kommunikation miteinander geht. Und wir sind besonders ratlos, wenn es in den engsten Beziehungen nahezu unmöglich scheint, Gedanken, Wünsche und Fantasien mit dem Menschen zu teilen, den wir lieben.

Aber was ist eigentlich Kommunikation?

Die Frage erscheint banal – wir kommunizieren doch ständig – jeder weiß, was das ist! Ja und nein. Der Begriff Kommunikation hat seinen Ursprung im lateinischen *communicare*. Das steht für *(mit)teilen*, aber auch für *vereinigen*. Wir verstehen üblicherweise unter Kommunikation den Austausch von Informationen – und das ist eine sehr vielschichtige Angelegenheit. Denn dieser Austausch beginnt mit scheinbaren Belanglosigkeiten wie „Kaufst du heute noch ein?" und endet mit der hilflosen Sprachlosigkeit im Bett, wo es vielen Menschen unmöglich zu sein scheint, die eigenen Wünsche und Bedürfnisse konkret zu formulieren oder zu zeigen.

Kommunikation umfasst jedoch nicht nur das, was wir einander sagen oder schreiben – also wirklich in Worte fassen. Sondern auch alles, was wir nonverbal mitteilen: durch Blicke, Körpersprache, Gesten, Mimik … Wir alle wissen genau, was diese nonverbalen Signale bewirken können, in positiver oder negativer Hinsicht. Wissenschaftler sind sich inzwischen weitgehend einig, dass weit mehr als die Hälfte unserer Kommunikation nonverbal abläuft.

Wir sind gezwungen, zu kommunizieren

Oft sind Paare der Meinung, Kommunikation spiele keine große Rolle in ihrem Leben, oder sie sind davon überzeugt, dass sie eine gute Kommunikation haben! Auf Nachfrage erfahre ich dann oft, dass es eine oberflächliche ist wie „wer holt wann die Kinder wo ab“. Fakt ist jedoch: Die meisten achten überhaupt nicht auf ihre Kommunikation. Zu behaupten, diese würde keine große Rolle spielen, ist etwa so, als würde man mit geschlossenen Augen Auto fahren und sich wundern, dass man einen Unfall verursacht: Man hatte die anderen Verkehrsteilnehmer doch zuverlässig ausgeblendet!

Tatsächlich kommunizieren wir nämlich ohne Unterlass miteinander. Selbst wenn wir nicht reden. Ja, sogar wenn wir uns offensichtlich überhaupt nicht miteinander befassen. Menschen kommunizieren auch, wenn sie lediglich in der U-Bahn nebeneinander stehen und in unterschiedliche Richtungen blicken. Wir signalisieren anderen Menschen dabei durch alles, was wir tun und lassen, etwas: Interesse, Desinteresse, Freundlichkeit, Abwehr, Gleichgültigkeit, Offenheit oder etwas anderes. Wir interpretieren die Signale anderer Menschen oder ignorieren sie – und auch dann sind wir nicht raus aus der Kommunikation, denn durch Ignoranz signalisieren wir eben auch wieder etwas … kurz: Es gelingt uns nicht, uns der Kommunikation zu entziehen.

Das Problem, das viele Menschen mit Kommunikation haben, ist lediglich: Sie kommunizieren unaufmerksam. Ohne darauf zu achten, was sie ihrem Gegenüber mitteilen. Und deshalb entstehen Probleme.

Kommunikation ist Beziehung

Interessant und zugleich herausfordernd ist auch, dass Kommunikation sowohl ein Weg ist, sich auszutauschen, als auch eine soziale Interaktion. Wie Menschen miteinander kommunizieren, sagt auch viel über ihre Beziehung aus. Und dabei spielt es meiner Meinung nach oft nicht die größte Rolle, *was* gesagt – oder verschwiegen – wird, sondern vor allem, *wie* etwas gesagt wird. Und wie man dabei schaut. Ob sich die Augenbraue hebt oder der Mundwinkel. Wie man sich bewegt. Auf den anderen zugeht. Oder sich abwendet.

ZUM AUSPROBIEREN

Eine Frage – viele Varianten

Man möchte meinen, die einfache Frage „Wie war dein Tag?“ könne nicht viel aussagen. Testen Sie es mal: Betonen Sie die Worte unterschiedlich stark. Verändern Sie die Stimmlage. Und jetzt darf noch Mimik eingesetzt werden. Na? Jetzt stellen Sie sich bitte noch vor, wie die gleiche Frage wirkt, wenn Sie Ihren Partner dabei umarmen oder berühren – und wie, wenn Sie sich halb von ihm abwenden und mit etwas ganz anderem beschäftigt sind, während Sie ihn fragen …

Klappt auch gut mit allen möglichen anderen Sätzen, etwa „Dein Kleid ist schön“ oder „Der Workshop war bestimmt interessant für dich“.

Die Rolle von Sender und Empfänger

Ich habe die Erfahrung gemacht, dass es beim Kommunizieren vor allem um Aufmerksamkeit geht. Denn unbewusste Kommunikation ist wie Stille Post. Nur dass das, was uns bei diesem Spiel in der Kindheit schreiend komisch erschien – nämlich, dass die angekommene Botschaft mit der abgesendeten nicht mehr das Geringste zu tun hat – im Beziehungsleben oft gar nicht mehr lustig ist.

Reden und Zuhören sind wichtige Komponenten in der Kommunikation. Und dies tun zwei Menschen: ein *Sender*, der etwas zu sagen hat, und ein *Empfänger*, der die Information aufnimmt. Wie gut das Übermitteln dieser Nachricht gelingt, hängt von der Beziehung dieser beiden Personen zueinander ab und auch davon, wie gut beide ihre Verantwortung innerhalb der Kommunikation wahrnehmen.

So liegt die Verantwortung dafür, was gesendet wird – und zwar nicht nur der Wortlaut, sondern auch das *Wie* und das Einschätzen der gesamten Situation – beim Sender. Der Sender ist auch dafür zuständig, alles dafür zu tun, dass die Information richtig beim Empfänger ankommt. Verantwortung des Empfängers ist es ebenso, die Nachricht zu verstehen. Dafür muss er wirklich zuhören können. Das bedeutet, er muss gegebenenfalls auch nachfragen, sich rückversichern, ob das, was bei ihm angekommen ist, tatsächlich das ist, was der Gesprächspartner ihm senden wollte – und nicht einfach interpretieren.

Wie das immer besser gelingen kann, möchte ich Ihnen in diesem Buch mit zahlreichen Beispielen und Übungen näherbringen.

» *Kommunizieren Sie bewusst und aufmerksam.*

Warum Paare schweigen

Bevor wir uns an die praktischen Übungen machen, möchte ich kurz noch darauf eingehen, warum Kommunikation gerade in Paarbeziehungen so schwierig sein kann. Neben den bereits beschriebenen Aspekten – etwa die fehlende Bewusstheit der Gesprächspartner, aber auch die vielen Ebenen, auf denen Kommunikation stattfindet – spielen bei Paaren noch andere Themen eine Rolle.

An erster Stelle steht meiner Erfahrung nach paradoxerweise oft die *Angst* vor dem Ende der Partnerschaft. In der Kommunikation setze ich mich mit dem Partner auseinander, Konflikte werden möglicherweise aufgeworfen – um das zu vermeiden, weichen viele Menschen in Beziehungen der wirklich intensiven, tiefergehenden Kommunikation aus. Ganz klar: Wenn man Angst hat, der andere könnte gehen, sobald man etwas sagt oder tut, das ihm nicht passt, kann man auch keine Auseinandersetzung aushalten. Das läuft schließlich darauf hinaus, dass man sich dem Partner nicht so zeigt, wie man wirklich ist, sondern immer nur so, wie man glaubt, für ihn aushaltbar zu sein. Das verhindert wirkliche Tiefe. Und es ist nur folgerichtig, dass sich dieses Problem auf sexueller Ebene fortsetzt.

ZUM AUSPROBIEREN

Was würde passieren ...

... wenn Sie Ihrem Partner etwas erzählen, das ein kleines bisschen peinlich ist? Probieren Sie es aus: erzählen Sie ihm bei nächster Gelegenheit etwas, das Ihnen mal passiert ist und worüber Sie wahrscheinlich beide lachen werden – vielleicht eine peinliche Situation in der Arbeit, eine frühere Sexpanne oder ein missglücktes Date? Je öfter Sie so etwas tun, umso weniger Angst werden Sie haben, sich Ihrem Partner so zu zeigen, wie Sie wirklich sind.

Weitere mögliche Ursachen für Sprachlosigkeit in Beziehungen sind *Desinteresse* am anderen, *Resignation*, *Machtkämpfe* oder *Trotz* – also eher destruktive Motive, die oft auch in Angst oder Hilflosigkeit begründet sind. Wenn man feststellt, dass in der eigenen Beziehung Gleichgültigkeit oder Machtkämpfe an der Tagesordnung sind, sollte man sich ernsthaft fragen, ob man das verändern möchte. Und dann vor allem ehrlich darüber nachdenken, ob man es bereits ausgiebig versucht hat. Und – falls all das nichts bringt – sich schließlich auch damit auseinandersetzen, ob man die Beziehung vielleicht überhaupt nicht weiterführen will (mehr dazu ab Seite 113).

Ein weiterer – sehr wichtiger – Grund für Kommunikationsprobleme ist auch: Viele Menschen haben es einfach von ihren Eltern *nicht gelernt*, in einer Beziehung offen zu reden, Dinge anzusprechen. Vor allem Frauen beschweren sich oft darüber, dass Männer zu wenig reden. Auch das hat meiner Meinung nach damit zu tun, dass Männer es noch viel weniger beigebracht bekommen haben, sich mitzuteilen, mit Gefühlen umzugehen.

Nicht zuletzt ist die Kommunikation in Liebesbeziehungen besonders schwierig, weil wir in einer Paarbeziehung auch immer mit anerzogenen und gebildeten *Mustern aus unserer Kindheit* konfrontiert werden. So haben wir – metaphorisch gesehen – dann plötzlich Mama, Papa und die Schwiegereltern mit im Ehebett sitzen und fechten mit unserem Partner Kämpfe aus, die im Grunde mit ihm nichts zu tun haben.

Zum Schluss noch ein anderer Aspekt: Gute, wichtige Gespräche brauchen auch einen gewissen Rahmen. Manchmal ist man einfach *müde* und hat deshalb keine Lust und keine Kraft, sich auf eine anspruchsvolle Kommunikation einzulassen. Wenn das in Ihrer Beziehung oft einem oder beiden Partnern so gehen sollte, ist es sicher sinnvoll, sich regelmäßig für Gespräche zu verabreden, Gewohnheiten und Rituale zu schaffen, die Zeit zu zweit ermöglichen.

Und wie ging es weiter mit der Kommunikationsflaute?

ZURÜCK *zu Richard und Manuela*

Sie erinnern sich an unser Fallbeispiel am Anfang des Kapitels (siehe Seite 12): Richard und Manuela waren in einen Sumpf des Schweigens geraten, weil keiner von beiden willig oder in der Lage war, den ersten Schritt zu tun, um die Kommunikation in der Beziehung zu verbessern. Ein großes Streitthema, dass sehr deutlich zeigte, wie sehr beide aneinander vorbeiredeten, war Manuelas Berufstätigkeit: Richard hatte Manuela immer wieder ermutigt, zu arbeiten. Vor allem, weil er gern Zeit mit den Kindern verbringen wollte, am Familienleben interessiert war und Manuela darin unterstützen wollte, sich auch beruflich weiterzuentwickeln. Kurz: Richard verkörperte den Traum vieler Ehefrauen! Leider nicht Manuelas Traum: Sie wollte gern versorgt werden – hatte sie als älteste von drei Schwestern doch schon zeitig für andere sorgen müssen. Insgeheim war sie deshalb wütend auf Richard, der sie dazu drängte und offenbar nicht bereit war, seinerseits dafür zu sorgen, dass sie „nur" Ehefrau und Mutter sein konnte. Aber darüber sprachen sie nicht miteinander … während Manuelas Leidensdruck wuchs.

Aber wieso wurde nie geredet? Richard meint: „Wir sind halt so in den Alltag reingerutscht. Wenn ich nach Hause kam, saß die Familie schon vor dem Fernseher oder es war immer ein Kind dabei und ich wollte nicht Konfliktthemen vor ihnen besprechen. Abends im Bett wollte ich dann auch keinen Stress machen und verschob es auf den nächsten Tag, an dem natürlich auch wieder irgendwas war. Und so zog sich das dahin und versickerte. Die Themen waren dann auch kaum noch akut. Es ging einfach den Bach runter. Wir schwiegen uns meist nur noch an und bewältigten den Alltag."

Wahrgenommen hat Richard das erst, als Manuela einen Seitensprung hatte und ihm davon berichtete. Superverständnisvoll reagierte er darauf – mit großer Betroffenheit und mit einer Entschuldigung seinerseits! Dafür, dass er sie mit seinem Verhalten in diese Situation gebracht hatte. Sein Anteil an Manuelas Seitensprung wurde ihm sofort klar und er übernahm die Verantwortung dafür.

In der Therapie wurde Manuela und Richard schnell klar, dass beide einige Fehler gemacht hatten. Sie beschlossen, gemeinsam an ihrer Kommunikation zu arbeiten.

Sie haben es in der Hand, wieder miteinander ins Gespräch zu kommen

Wir alle sind schnell dabei, uns hinter dem anderen zu verstecken: „Mein Partner sollte", „mein Partner müsste", „mein Partner soll nicht" … Haben Sie sich schon einmal vor Augen gehalten, wie viele Forderungen wir im Grunde an andere Menschen haben? An unsere Mitmenschen, Kinder, Freunde, Kollegen, Eltern – und besonders an unseren Partner? Ich finde das erschreckend. Und Enttäuschungen sind so vorprogrammiert. Oder wie geht es Ihnen, wenn jemand an Sie Erwartungen stellt? „Du solltest", „du musst", „du darfst nicht" – das kennen wir doch alles zur Genüge schon aus unserer Kindheit. Niemand lebt gern von Erwartungen getrieben.

Am besten ist es deshalb, mehr von sich selbst zu erwarten, sich selbst in die Verantwortung für sein eigenes Leben zu nehmen. Es wird oft gesagt, dennoch beherzigen es nur wenige Menschen wirklich: Nur wer zuerst sich selbst liebt, kann von anderen geliebt werden und auch andere lieben. Nur wer seine eigenen Bedürfnisse wahrnimmt und entsprechend handelt, gibt anderen die Möglichkeit, in eine gleichberechtigte, reife Beziehung mit ihm zu gehen. Nur wer seine Bedürfnisse und Wünsche klar kommuniziert, kann von anderen verstanden werden und ein *Ja* oder *Nein* bekommen. Wer dagegen selbst nicht weiß, was er eigentlich möchte, oder das, was er sich wünscht, verklausuliert und als Rätsel an die Umwelt abgibt, der kann zwar kein *Nein* bekommen – und damit ein Risiko vermeiden. Aber ein *Ja* bekommt er ganz sicher auch nicht.

Der Sexualtherapeut Ulrich Clement beschreibt es ebenfalls so:[1] Es ist eine Frage der Entscheidung – so wie auch guter Sex eine Frage der Entscheidung ist. Eine Entscheidung für sich selbst. Das ist in Sachen Sexualität und Partnerschaft besonders wichtig und leider gerade in diesem Bereich auch am schwierigsten. Der Grund: Die Paarbeziehung wird im Laufe der Zeit oft wichtiger und bestimmender als die Beziehung zu sich selbst. Denn je länger eine Beziehung andauert, umso stärker wird das Gefühl, mehr zu verlieren zu haben. Die Leidenschaft – die sich aus dem Anderssein, der Reibung aneinander, einer gewissen Fremdheit speist – schwindet zugunsten der Vertrautheit und Sicherheit. Man passt sich immer mehr aneinander an, betont das Gemeinsame, leugnet Unterschiede, hobelt die eigene Persönlichkeit ein bisschen zurecht, damit alles passt. Weil das ein unbewusster Prozess ist, merken das viele Menschen lange gar nicht. Bis sie irgendwann feststellen, dass sie ihr eigenes Leben völlig aufgegeben haben und in der Regel die Sexualität gleich mit. Die meisten nehmen das aber erst dann wahr, wenn es schon weh tut, weil sie nicht gelernt haben, Bewusstsein für das Jetzt, für den Moment zu entwickeln und regelmäßig zu reflektieren und zu hinterfragen, wie es ihnen geht und wie zufrieden sie sind.

Kapitel 2
Wer bin ich und wo stehe ich?

Bevor Sie sich auf den Weg machen, um Ihre Beziehung und Ihr Sexleben zu verändern, ist es wichtig, sich selbst einige wesentliche Fragen zu stellen. Wo stehen Sie selbst? Wer sind Sie? In welcher Situation befindet sich Ihre Beziehung? Was ist gut, was könnte oder sollte anders sein? In diesem Kapitel finden Sie Anregungen dafür.

Wenn man sich selbst verloren geht

MEINE KLIENTIN:
Miriam (41), verheiratet, drei Kinder (13, 10, 8)

WARUM SIE BEI MIR IST: *Sie kommt mit den Wutausbrüchen ihres Mannes nicht klar.*

Miriam kommt schon seit einiger Zeit zu mir. Anfangs vor allem, weil sie in ihrer Beziehung unglücklich war, gern etwas verändern wollte und sich doch nicht so recht traute. Am Telefon wirkte sie recht verzagt. Als Miriam zum ersten Mal in meine Praxis kam, war ich überrascht. So hatte ich sie mir nach unserem Telefonat nicht vorgestellt: groß und schlank, die langen blonden Haare zum Pferdeschwanz gebunden. Miriam hat eine interessante und sehr sympathische Ausstrahlung, die ihr selbst offensichtlich nicht bewusst ist. Ihre Kleidung ist eher praktisch, ihr Gesicht ungeschminkt.

Oberflächlich betrachtet geht es ihr gut: Miriam wohnt mit ihrer Familie in einem Häuschen im Grünen, sie hat drei Kinder, einen gut verdienenden Ehemann, der ständig auf Geschäftsreisen ist. Und der in der Beziehung in jeder Hinsicht den Ton angibt – auch laut, wenn es sein muss. Jahrelang hat sich Miriam damit zufrieden gegeben, doch jetzt merkt sie, dass sie selbst zu lange zurückgesteckt hat: „Ich habe das Gefühl, ich funktioniere nur noch. Alles, was ich tue, geschieht rein mechanisch. Irgendwie habe ich mich in den letzten 15 Jahren selbst verloren …" Eine harte Selbstdiagnose, die ich in meiner Praxis gar nicht so selten von Klienten höre.

Miriam kommt allein zu den Therapiestunden, ihr Mann hat kein Interesse daran. „Psychoquatsch" nenne er es, erzählt Miriam. „Und er sagt auch, er habe kein Problem. Das Problem habe ich und deshalb brauche ich eine Therapie – nicht er."

Miriam hält ihrem Mann den Rücken frei, managt Haushalt und Kinder (und das nahezu perfekt). Er will dennoch, dass sie wieder arbeiten geht, aber in ihrem Bürojob und nicht – so wie Miriam es gern tun würde – im Kunstbereich. Sie leidet sehr unter den Wutanfällen ihres cholerischen, jähzornigen Mannes. Immer wieder brüllt er unvermittelt herum oder wird sogar gegenüber den Kindern handgreiflich. Das führt dann jedes Mal dazu, dass Miriam schließlich doch immer wieder klein beigibt, um Situationen nicht noch weiter eskalieren zu lassen …

Kurz: Miriam ist auf dem Sprung, sich zu entwickeln, ihre Talente und Möglichkeiten zu leben. Sie wird jedoch ausgebremst durch ihre Angst vor Auseinandersetzungen, die sie in einer einschränkenden Beziehung festhält.

Wer sind Sie eigentlich?

Immer wieder erlebe ich, dass Menschen wie Miriam in meine Praxis kommen: Ein riesiges Potenzial schlummert in ihnen, doch sie leben es nicht aus. Oft leben sie schon jahrelang in einer unguten Situation und kommen zu mir, weil sie schließlich an eine Grenze stoßen: Lange haben sie sich selbst verleugnet, nun ist ein Punkt erreicht, an dem das nicht mehr möglich ist. Dann kommt es übrigens häufig zu einem Seitensprung oder es treten starke gesundheitliche Probleme wie Depressionen oder Burnout auf. Menschen, die längere Zeit in einer Beziehung waren, sind manchmal ein ganzes Stück weg von sich selbst – leider! Deshalb frage ich in dieser Situation zuallererst nach dem Status quo, also dem Ist-Zustand der eigenen Entwicklung.

STELLEN SIE SICH EINE FRAGE …

Wer sind Sie und wo stehen Sie?

Können Sie diese Frage beantworten? Das erscheint nämlich nur auf den ersten Blick einfach, die Antwort darauf birgt für viele Menschen eine Überraschung. Lange war man unterwegs auf einem Weg, ohne nach rechts und links zu blicken, ohne allzu viel zu hinterfragen. Und plötzlich blickt man angesichts dieser Frage in den Spiegel und stellt fest: Ich bin mir selbst fremd geworden.

Wir halten uns gedanklich oft in der Vergangenheit oder in der Zukunft auf, selten im Hier und Jetzt. Für das eigene Glück und auch dafür, dass Veränderungen gelingen können, muss man jedoch vor allem feststellen, ob man dort, wo man im Moment steht, zufrieden und glücklich ist. Oder ob man an seiner Situation in der Beziehung – und damit auch an seinem sexuellen Befinden – etwas verändern will. Auf den folgenden Seiten finden Sie Übungen und Aufgaben, die Ihnen helfen, *Ihre* Antworten zu finden.

Ich will doch nur guten Sex – wieso jetzt „Selbsterkenntnis"?

Werden Sie ungeduldig? Hätten Sie viel lieber ein paar schnelle Tipps, mit denen Sie mühelos zu besserem, intensiverem, leidenschaftlicherem Sex kommen? Und fragen Sie sich vielleicht schon, wieso Sie sich jetzt mit sich selbst auseinandersetzen sollen, obwohl Sie sich doch insgeheim sicher sind, dass es vor allem an Ihrem Partner liegt, dass es in der Beziehung klemmt, und dass Sie diesen ganzen Selbsterkenntniskram wirklich nicht brauchen, wenn Sie einfach nur mal wieder richtig guten Sex haben möchten?

Dann muss ich Sie enttäuschen. Natürlich würden Sie mit ein paar „Schnellschuss-Tipps" vielleicht ein, zwei heiße Erlebnisse mit Ihrem Partner haben. Und falls nicht, könnten Sie immer noch Ihren Partner auswechseln und es mit einem anderen versuchen. Und danach vielleicht nochmal mit einem anderen ... Aber langfristig würden Sie damit nichts verändern. Der Punkt ist: Sie nehmen *sich selbst* in jede Beziehung mit, die Sie mit anderen Menschen eingehen.

» *Sie können Situationen, Beziehungen, Ihr ganzes Leben nur dauerhaft verändern, wenn Sie anfangen bei: sich selbst.*

Schritt 1 – die Startposition bestimmen: Wo stehen Sie heute?

Stellen Sie sich vor, Sie sitzen in einem Auto mit Navigationssystem. Sie geben Ihr Ziel ein, der Computer beginnt zu rechnen ... doch das GPS-Ortungssystem erkennt aufgrund einer Störung nicht, wo Sie derzeit stehen. Auch wenn Sie also noch so sicher wissen, wohin Sie wollen – es wird kein Weg zu Ihrem Ziel angezeigt.

So geht es vielen Menschen: Sie wissen zwar, wohin sie wollen, aber nicht, wo sie stehen. Oft wird behauptet, man brauche nur ein klares Ziel und die nötige Motivation. Die meisten Menschen haben jedoch schon die Erfahrung gemacht, dass ein Ziel und hohe Motivation allein nicht ausreichen, wenn es darum geht, etwas zu verändern. Man muss vor allem sich selbst gut kennen, um erfolgreich seinen eigenen Weg zu gehen.

Warum wir uns selbst nicht kennen

Eigentlich paradox: Der einzige Mensch, den man von der ersten bis zur letzten Sekunde seines Daseins erlebt, ist man selbst. Wieso kennt man sich dann oft gar nicht? Ganz einfach: Weil die meisten von uns von Anfang an lernen, sich an den Erwartungen anderer zu orientieren. Nicht allzu viel zu fragen und zu spüren, sondern mitzulaufen. Sich anzupassen.

Der Grund dafür ist, dass Menschen „Beziehungstiere" sind – und es gibt keine tiefe Beziehung ohne Verletzungen. Denen möchten wir gern entgehen.

Schon früh lernen die meisten Menschen, dass sie so, wie sie sind, nicht richtig sind, sondern nur dann gut sind, wenn sie etwas leisten oder bestimmten Anforderungen genügen. Denn erst dann werden sie mit Aufmerksamkeit und Zuwendung belohnt – also mit Liebe. Wenn sie „schlecht" sind, gibt es dagegen oft Erziehungsmaßnahmen aller Art bis hin zum Liebesentzug. Zuerst erfährt man das von Mama und Papa, später von Lehrern, noch später von Chefs – und auch in Freundschaften und Paarbeziehungen greifen diese Muster leider meist. Und dort noch nachhaltiger, denn dabei kommen Verlustängste ins Spiel: Wenn wir nicht brav sind, werden wir nicht mehr geliebt – und vielleicht gar verlassen! Kein Wunder also, dass wir versuchen, uns anzupassen oder – wenn das partout nicht gut genug gelingt – zum Rebellen werden. Beide Rollen orientieren sich am Außen, an dem, was andere erwarten. Und nicht an dem, was im Menschen selbst angelegt ist. So geraten viele Menschen auf einen Weg, der sie wegführt von sich selbst. Und ihr Selbstwertgefühl bleibt auf der Strecke.

Die meisten Menschen sind sich sehr unsicher über sich selbst. Noch mehr Unsicherheit kommt auf, sobald es um Sex geht. Denn dann kommen noch jede Menge Glaubenssätze hinzu, die wir meist von den Eltern übernommen haben. Gerade im

Bereich der Sexualität sind diese oft negativ: „Sex ist schmutzig“, „Sex darf nur der Fortpflanzung dienen, nicht dem Vergnügen“, „Frauen, die Lust auf Sex haben, sind Schlampen“, „Männer wollen nur das Eine“ und ähnliche solcher „Weisheiten“ hindern viele Menschen bis weit ins Erwachsenenalter am lustvollen Erleben der eigenen Sexualität.

Dabei müssen Glaubenssätze an sich gar nicht schlecht sein! Wir alle orientieren uns an Werten und Normen, die wir von unseren Eltern, Lehrern oder von Institutionen übernommen haben. Meist geben wir sie auch an unsere Kinder weiter. Das Vertrackte an Glaubenssätzen ist lediglich, dass wir sie in den seltensten Fällen hinterfragen, sondern unreflektiert danach leben und sie ebenso unreflektiert weitergeben.

ZUM AUSPROBIEREN

Achten Sie auf Ihre Gedanken: Sobald Sie feststellen, dass sich ein Gedanke, eine Idee, ein Vorurteil in Ihr Denken schleicht, fragen Sie sich: Entspricht das, was Sie da gerade denken, tatsächlich Ihrer Meinung? Haben Sie Grund dazu, den entsprechenden Satz zu *glauben*? Wenn ja: warum?

Sobald Sie auf diese Weise darüber reflektiert haben, können Sie bewusst entscheiden: Ja, nach diesem Glaubenssatz will ich leben. Oder: Nein, das passt gar nicht zu mir.

Sie müssen das auch gar nicht unbedingt mit dem Thema Sex ausprobieren, wenn Sie nicht möchten. Sie können auch mit anderen Lebensbereichen starten wie Essgewohnheiten („Zu einer gesunden Ernährung gehört Fleisch!“) oder Freizeit („Dieses Hobby ist doch nur etwas für Leute, die zu viel Zeit haben“).

Sie merken schon: Vor der Selbsterkenntnis steht die Selbstbeobachtung. Darunter verstehe ich, die Wahrnehmung achtsam auf sich selbst und das eigene Denken und Tun zu lenken.

Und zwar ohne das Beobachtete gedanklich oder durch Worte zu beurteilen. Das ist gar nicht so einfach, denn wir urteilen und bewerten ständig – dazu ist unser Verstand schließlich da: Wir kommentieren, was wir sehen. Wir bewerten unser Tun – „ich schaffe auch gar nichts" oder „ist ja typisch für mich ..." – und das anderer Menschen. Das beeinflusst unsere innere Betrachtung und Haltung: Wir nehmen auf diese Weise nicht wahr, was ist, sondern das, was wir erwarten oder unterstellen oder einfach nur durch langes Wiederholen derselben unzutreffenden „Kommentare" wahrzunehmen glauben. Dass das einer offenen Kommunikation und jeder positiven Veränderung in unserer Beziehung – vor allem in Sachen Erotik und Sexualität – im Wege steht, liegt auf der Hand. Wenn wir dagegen unser Leben *bewusst* führen, verändert das uns und unsere Umwelt. Probieren Sie es aus: Mit den folgenden Ideen können Sie mehr Achtsamkeit und Bewusstheit in Ihren Alltag bringen.

IDEEN FÜR DIE PRAXIS: Möglichkeiten, sich selbst näher zu kommen

Machen Sie sich bereit, um über Fragen zu sich selbst zu philosophieren. Damit das einfacher wird, habe ich hier einige Ideen für Sie zusammengestellt.

Ganz im Augenblick: Meditation

Auch wenn manche darüber lächeln: Meiner Meinung nach ist Meditation der Königsweg zu mehr Bewusstheit. Man lernt dabei, sich selbst zu beobachten – ohne sich zu bewerten. Alles, was ist, darf sein, man nimmt es einfach nur wahr. Zehn Minuten am Tag reichen völlig aus, vielleicht auch dreimal pro Woche – das ist besser als gar nicht. Es gibt gute CDs (Tipps siehe Anhang, ab Seite 157), die angeleitete Meditationen anbieten. Und es gibt CDs, zum Beispiel mit Musik oder Geräuschen aus der Natur – dabei kann man sich gut in sich selbst versenken. Oder Sie probieren es ganz ohne Geräusche. Beim Meditieren geht es im Grunde vor allem um den Rückzug und die Stille. Das sind wir nicht gewohnt, denn immer gibt es etwas, das uns ablenkt – die Familie, ein Telefonklingeln, der Lärm vorm Fenster ... und wenn sich partout nichts findet, lenken wir uns auch gern selbst ab, um uns nicht mit uns selbst auseinandersetzen zu müssen. Meditation ist daher ein Weg zu uns selbst zurück. Wir gehen nach innen statt nach außen.

ZUM AUSPROBIEREN

Einfach nichts tun

Ich frage Klienten ab und an, wann sie eigentlich das letzte Mal nur „sinnlos" an eine weiße Wand geschaut, einfach nichts getan haben. Versuchen Sie es mal: Setzen Sie sich hin, lassen Sie alles sein – und schauen Sie einfach nur fünf bis zehn Minuten vor sich hin. Versuchen Sie, Ihre Gedanken einfach an sich vorbeiziehen zu lassen.

Raus mit Ihnen!

Ich walke selbst etwa zwei- bis dreimal in der Woche auf einer recht ruhigen Strecke. Ich konzentriere mich dabei oft auf das Gehen. Man stellt Erstaunliches fest: Wie angespannt Beine, Schultern, Arme sein können! Oder ich richte meine Aufmerksamkeit auf das, was mir unterwegs begegnet: Gänse, Schafe, hin und wieder Menschen. Wenn ich abends laufe, lasse ich manchmal meinen Tag Revue passieren. Oft reflektiere ich dabei über meine Arbeit, mein Leben und Lieben. Manchmal gehe ich auch mit einer entsprechenden Frage los, beispielsweise wenn eine Entscheidung ansteht. Ich bin nach dem Walken *immer* klarer als zuvor. Und auch meinen Körper spüre ich viel intensiver.

Sie können das – gerade in schwierigen Lebensphasen, in denen Sie Klarheit brauchen – auch eine Nummer größer versuchen: Eine mehrtägige Wanderung, ein Klosteraufenthalt von einigen Tagen – das sind Erlebnisse, während derer Menschen zu sich selbst finden. Gut geeignet sind dazu tatsächlich Unternehmungen, die ein bisschen ambitioniert sind. Wenn Sie nach einem Tag Wanderung abends völlig fertig in der Unterkunft ankommen und feststellen, wie viel Sie schaffen können, haben Sie auch für Ihr Selbstwertgefühl viel getan.

Sehen Sie sich selbst zu

Versuchen Sie so oft es geht, aufmerksam und achtsam zu leben. Gehen Sie bewusst durch die Straßen. Beobachten Sie, welche – oft bewertenden und beurteilenden – Gedanken Sie haben, wenn Sie in der S-Bahn sitzen und andere Menschen sehen.

Nehmen Sie sich selbst wahr: Wie essen Sie? Meist gehetzt, schnell und schlingend oder sogar vor dem Fernseher? Wie trinken Sie? Wie fahren Sie Auto? Unaufmerksam, ohne Ihren Weg wahrzunehmen? Wie gehen Sie?

Schreiben Sie es auf!

Ich persönlich schreibe für mein Leben gern. Das Schreiben hilft mir, meine Gedanken zu sortieren. Daher empfehle ich jedem, sich ein Tagebuch zuzulegen und darin Gedanken, Gefühle, Erlebnisse oder was auch immer einem gerade wichtig erscheint und in der eigenen Entwicklung hilfreich ist, festzuhalten. Das liegt erstaunlich vielen Menschen, auch denen, die das vorher nicht für möglich hielten.

Liest man das Geschriebene irgendwann später wieder, wird auch deutlich sichtbar, was sich im Laufe der Zeit verändert hat – und was nicht. Man erkennt so Entwicklungen und lernt sie zu würdigen oder man stellt fest, dass man immer wieder um das Gleiche kreist. Auch das kann eine wichtige Erkenntnis und ein Anstoß für tatsächliche Veränderung sein.

Philosophieren Sie zu klugen Hirngespinsten

Ganz ehrlich: Ich liebe Zitate! Sie bergen so viel Weisheit in ihrer Einfachheit. Ich selbst habe einen Aufsteller zum Umblättern, in dem sich Zitate finden. Gern schlage ich eine beliebige Seite auf und meditiere zu dem Spruch. Auch in die Arbeit mit meinen Klienten beziehe ich sie gern ein, indem ich ihnen Zitate und (kluge) Gedanken mit auf den Weg gebe, die mich genau an den jeweiligen Menschen oder seine Situation erinnert haben.

ZUM AUSPROBIEREN

Sehen Sie sich selbst

Denken Sie an zwei Szenen in Ihrem Leben. Eine, in der Sie sich gut gefühlt haben, und eine, in der Sie nicht zufrieden waren. Das können Situationen mit Ihrem Partner sein, mit Freunden, mit den (möglichen) Kindern oder auch berufliche.

Versuchen Sie die Szene in Ihr Gedächtnis zu holen, so lebendig wie möglich, und nehmen Sie dabei die Rolle des Beobachters ein. Stellen Sie sich die Szene tatsächlich als einen Kinofilm oder ein Theaterstück vor. Lassen Sie die Beteiligten auf Ihrer imaginären Bühne spielen.

Jetzt analysieren Sie sich in Ihrer Rolle in der jeweiligen Situation genau und ruhig auch kritisch. Wie haben Sie reagiert? Wie hätten Sie vielleicht lieber reagiert? Was lief gut, was hätte besser laufen können? Wie haben Sie sich dabei gefühlt?

ÜBUNG: Kommen Sie sich selbst auf die Spur

Wenn Sie Ihre Beziehung verbessern möchten, bewusst leben und lieben, Sexualität miteinander genießen wollen, müssen Sie zuerst wissen, wo Sie selbst stehen. Kümmern Sie sich um sich selbst und um Ihre Wünsche und Bedürfnisse. Nur so wird Entwicklung möglich.

Wenn Sie die eine oder andere der vorgeschlagenen Ideen ausprobiert haben, fällt es Ihnen jetzt wahrscheinlich leichter, sich mit den folgenden Fragen zu befassen, die Ihnen helfen können, näher zu sich selbst zu kommen. Am besten nehmen Sie sich etwas zum Schreiben zur Hand – vielleicht Ihr Tagebuch? – und notieren Ihre Gedanken und vor allem Ihre Gefühle zu den folgenden Fragen.

- Worauf sind Sie stolz in Ihrem bisherigen Leben? Was haben Sie alles geschafft? welche Krisen haben Sie gemeistert – und wie oder wodurch ist Ihnen das gelungen?
- Welche Beziehungsvergangenheit haben Sie? Mit wem hatten Sie welche Beziehung, welchen Sex? Wie lange dauerten Ihre

Beziehungen (oder dauern sie noch)? Warum sind frühere Beziehungen zu Ende gegangen? Was haben Sie daraus mitgenommen?

- Welche familiäre Vergangenheit haben Sie? Wer war wichtig für Sie? Was haben Sie von wem mitbekommen und durch wen haben Sie was gelernt? Wie ist Ihr Verhältnis zu den einzelnen Mitgliedern Ihrer Familie?
- Welche Glaubenssätze haben Sie – welche positiven und welche hemmenden? (Glaubenssätze beginnen meist mit „Man sollte …", „Man muss …", „Man kann doch nicht …")
- Mögen Sie sich selbst? Lieben Sie sich ausreichend? Welche negativen Gedanken haben Sie über sich und welche positiven?
- Wie ist Ihr Körpergefühl? Sind Sie mit Ihrem Körper und Ihrem Aussehen zufrieden oder finden Sie viel zu kritisieren? Nennen Sie mindestens drei Körperbereiche, die Sie an sich sehr mögen!
- Was mögen Sie überhaupt an sich? Welche Eigenschaften oder Fähigkeiten? Nennen Sie mindestens fünf.
- Kümmern Sie sich gut um sich selbst? Wissen Sie meist, was sie brauchen, und wenn ja: wann und von wem?
- Was war Ihr schönstes Erlebnis bisher und was Ihr schlimmstes?
- Gibt es etwas, was Sie wirklich bereuen, und wenn ja: Können Sie das nachträglich verändern oder – falls das nicht möglich ist – als Erfahrung wertschätzen?
- Wie gehen Sie mit Fehlern, Rückschlägen oder gar mit Kritik um?
- Was denken Sie über Ihren eigenen Wert? Wo würden Sie ihn auf einer Skala von 0 bis 10 einstufen (0 = keiner, 10 = richtig hoch)? Und woran machen Sie Ihren Wert fest?
- Halten Sie sich für einen Menschen, der bewusst lebt?
- Sind Sie ein dankbarer Mensch? Empfinden Sie Dankbarkeit für das, was Sie haben, was Ihr Leben ausmacht (Familie, Gesundheit, Freunde, Wohnung und das Leben selbst)?
- Welche Stärken und welche Schwächen haben Sie? Kennen Sie Ihre Aufgabe im Leben? Ihre Herausforderung? Falls Sie sie kennen: Wie weit sind Sie schon damit?
- Wie gehen Sie mit Gefühlen um? Wie mit den positiven wie Freude oder Lust? Und wie mit negativen wie Trauer oder

Aggression? Stimmen Ihr Denken, Fühlen und Handeln miteinander überein? Reagieren Sie meist angemessen oder oft unangemessen? Überlegen Sie bitte: Regen Sie sich über jeden zweiten Autofahrer auf, nervt es Sie grundsätzlich, dass es an der Supermarktkasse zu langsam vorangeht ... oder schweigen Sie fast immer, auch wenn es durchaus etwas zu sagen gäbe?
- Wie selbstbestimmt leben Sie? Lassen Sie sich von Ihrem Partner, den Kindern oder Ihren Eltern schnell unter Druck setzen? Machen Sie es gern allen recht? Stimmen in Ihrem Leben das Geben und Nehmen überein (beruflich wie auch in Partnerschaft und Freundeskreis)? Können Sie sich gut von anderen abgrenzen und sich durchsetzen? Oder gehören Sie zu den Menschen, die schnell „kippen“?
- Sind Sie ein disziplinierter Mensch oder geben Sie schnell auf? Beginnen Sie viel Neues mit großer Leidenschaft, die dann schnell wieder abflacht?
- Sind Sie ein Optimist oder ein Pessimist (Glas-halb-voll- oder Glas-halb-leer-Typ)? Sind Sie ein sicherheitsbedürftiger Mensch, haben Sie viele Versicherungen? Haben Sie lieber allein die Kontrolle, als anderen zu vertrauen?
- Sind Sie ein zielorientierter Mensch oder lassen Sie sich eher vom Leben treiben? Leben Sie mehr in der Vergangenheit oder in der Zukunft als in der Gegenwart?

Sie können sich immer wieder einmal mit diesen Fragen beschäftigen – und auch die Antworten später nochmals lesen. Dabei werden Ihnen Entwicklungen bewusst, die Sie sonst vielleicht nicht wahrnehmen würden.

Sie können das Geschriebene auch ein paar Tage weglegen und danach noch einmal draufschauen: Fällt Ihnen noch mehr ein? Haben Sie neue Ideen zu den einzelnen Antworten? Nehmen Sie sich Zeit dafür, sich mit sich selbst auseinanderzusetzen.

Schritt 2: Übernehmen Sie die Verantwortung für Ihr eigenes Leben

Sich mit sich selbst auseinanderzusetzen, kann schmerzhaft sein. Wer sind Sie wirklich? Und: Wollen Sie das tatsächlich wissen? Fatalerweise möchten wir nämlich oft gar nicht die Wahrheit sehen. Wir wollen nicht sehen, was tatsächlich geschieht, sondern lieber das, was wir schon immer gesehen haben. Wir wollen nicht sehen, wer wir tatsächlich sind. Denn der nächste Schritt wäre dann, auch Verantwortung für das zu übernehmen, was wir tun. Und für das, was wir nicht tun. Uns selbst darum zu kümmern, das zu bekommen, was uns fehlt. Viel bequemer ist es doch da, sich ins Aussitzen, Aushalten, Schuldverschieben zu flüchten: „Ach, so schlimm ist ja nun auch wieder nicht!", „Es gibt schließlich Wichtigeres im Leben", „Wenn die Kinder erst aus dem Haus sind, dann …".

Sie kennen die Situation, Veränderungen vor sich her zu schieben, sicher gut. Dennoch fragen Sie sich vielleicht gerade insgeheim, warum Sie sich mit Selbstreflexion beschäftigen und Verantwortung für Ihr eigenes Wohlergehen übernehmen sollten? Ganz einfach: Weil es um *Ihr* Leben geht. Sie können weiter darauf warten, ob etwas Gutes geschieht. Sich etwas wünschen, hoffen, enttäuscht sein … aber selbst nichts tun. Oder Sie nehmen Ihr Leben in die Hand.

Möglicherweise denken Sie, dass dieses Kapitel für Sie nicht von Belang ist: Verantwortung übernehmen Sie vielleicht andauernd – für Ihre Kinder, für die Eltern, die betagten Nachbarn, die Auszubildenden in der Firma, um die Sie sich kümmern, den Hund … Doch ein Mensch, der für alles und jeden verantwortlich sein kann, übernimmt oft die Verantwortung für eine Person nicht: für sich selbst.

» *Es ist wunderbar, sich mit den Problemen anderer Menschen zu beschäftigen: Man kann sich damit so gut von seinen eigenen ablenken.*

Und wie geht es weiter mit Miriams Selbstfindung?

ZURÜCK *zu Miriam*

Sie erinnern sich an Miriam (siehe Seite 22)? In unseren gemeinsamen Gesprächen kristallisiert sich schon nach einigen Stunden heraus, dass Miriam sich um alles und jeden kümmerte – aber ihr eigenes Leben war immer fremdbestimmt. In ihrer Kindheit und Jugend schränkten die strengen Eltern sie stark ein. Als Miriam während des Studiums dann ihren Mann kennenlernte, bot ihr das – vermeintlich – die Flucht in die Freiheit. Ihr Weg führte damit vom Elternhaus direkt in die Ehe. Und als ein paar Jahre später die Kinder geboren wurden, fügte sich Miriam ohne zu hinterfragen in das klassische Rollenbild, dass schon ihre Eltern lebten.

Jetzt ist sie an dem Punkt, an dem ihr klar ist, dass es so nicht weitergehen kann. Mehr oder minder unreflektiert hatte sie die Glaubenssätze ihrer Eltern übernommen, die dann später durch die ihres Mannes abgelöst wurden. Miriam lässt sich durchs Leben schieben, wird immer unzufriedener. Auch sexuell sagt sie, sei ihr Mann die „Lokomotive“ und gebe die Richtung vor.

Nachdem Miriam sich damit auseinandergesetzt hat, was sie eigentlich möchte – künstlerisch tätig sein und in einer gleichberechtigten, glücklichen Beziehung leben – muss sie sich nun ihrer Eigenverantwortung stellen: sich nicht mehr durch die Wutausbrüche ihres Mannes einschüchtern zu lassen, nicht ihm die Entscheidungen über ihr Leben zu überlassen, sondern zu sich selbst zu stehen und gegebenenfalls auch die nötigen Konsequenzen zu ziehen.

Nehmen Sie sich selbst wichtig!

In meiner Praxis begegne ich oft Menschen, die Angst davor haben, sich selbst wichtig zu nehmen, weil sie das für egoistisch halten. Aber Eigenverantwortung hat nichts mit rücksichtslosem Egoismus zu tun. In einer Beziehung trägt jeder zuerst die Verantwortung für sich selbst – und zwar zu 100 Prozent.

Außerdem übernimmt jeder der Partner zu 50 Prozent Verantwortung für die Beziehung, für die gemeinsame Sexualität sowie für die gemeinsamen Kinder. Natürlich kann nicht jeder nur das tun, was er will, ohne Rücksicht auf den Partner. In einer Paarbeziehung gelten Regeln, ebenso wie in Arbeitsteams, unter Nachbarn oder Freunden. Hier sind Kompromisse, Absprachen und Regeln erforderlich, sonst funktioniert kein soziales System.

Doch die Voraussetzung dafür, Kompromisse selbstbewusst und gleichberechtigt auszuhandeln, ist es, seine eigenen Bedürfnisse zu kennen. Und vergessen Sie nicht: Das schönste Geschenk, das man sich und anderen Menschen machen kann, ist es, ein zufriedener Mensch zu sein. Sicher kennen Sie auch Menschen, die ihre eigenen Bedürfnisse gar nicht kennen, nicht für sich einstehen, aber dennoch irgendwie erwarten, dass andere auf sie Rücksicht nehmen. Man könnte das Gefühl bekommen, für sie mitdenken und auf sie achten zu müssen und seismographisch unterwegs zu sein, um an ihrer Stelle wahrzunehmen, ob auch alles gerade für sie passt. Diese Menschen sind jedenfalls ziemlich anstrengend …

IDEEN FÜR DIE PRAXIS: Übernehmen Sie Verantwortung für sich selbst

Verantwortung für sich selbst übernehmen, wie könnte das im Alltag aussehen? Hier zwei Beispiele, die Sie so oder ähnlich sicher kennen – und auch einige Vorschläge, wie Sie typische Beziehungsfallen meistern.

Ein Samstag als Paar

Wochenende, Sonnenschein. Was Sie am liebsten tun würden? Zuerst auf der Terrasse ausgiebig frühstücken, nachmittags in die Stadt zum Shoppen und anschließend vielleicht noch ins Kino gehen. Und Ihr Partner? Er möchte gern endlich mal wieder die Fahrräder rausholen – eine Radtour, das wär's! Und dann eine zünftige Brotzeit im lauschigen Biergarten …

Paare sind oft geradezu besessen von der Idee, möglichst viel gemeinsam machen zu müssen (Vorsicht: Glaubenssatz im Anflug). Oft wird dann ewig diskutiert, weil jeder natürlich den anderen von seiner eigenen Idee überzeugen möchte. Schlimmstenfalls diskutieren die beiden, bis es ohnehin zu spät ist, um noch sinnvoll zur Radtour oder in die Stadt aufzubrechen. Oder einer ergibt sich schließlich in sein Schicksal und macht mit innerem Widerwillen mit. Also auf zur Radtour! Wie es der Teufel will, beginnt es plötzlich zu regnen oder der Biergarten ist zu voll ... Anderes Szenario: Er hat sich breitschlagen lassen und ist mit zum Shoppen gekommen, läuft sich auf dem elend langen Weg durch unzählige Geschäfte eine Blase, dann ist der Kinofilm sterbenslangweilig ... Sicher ist nur eins: Keiner von den beiden hat Spaß gehabt.

Übernehmen Sie die Verantwortung für sich! Nehmen Sie wahr, was *Sie* tatsächlich wollen – und tun Sie das. Ob sie shoppen geht, er Rad fährt und man sich danach im Biergarten oder Kino trifft. Ob beide einen ganzen Tag getrennt verbringen und sich abends zu Hause wieder treffen – vielleicht gleich heißen Sex haben, weil sie sich aufeinander freuen konnten? Lassen Sie sich überraschen!

Abendessen ist fertig!

Endlich Feierabend – und er hat versprochen, dass es diesmal nicht so spät wird. Sie hat sich beeilt, noch etwas eingekauft, den Tisch gedeckt. Halb acht war verabredet. Sie wartet hungrig. Es ist inzwischen 19.45 Uhr, auch über Handy ist er nicht erreichbar. Ihr Magen knurrt, die Stimmung sinkt – um 20.15 Uhr beginnt der Film, den sie heute gemeinsam ansehen wollten ...

Verantwortung für sich selbst sieht hier ganz einfach aus: anfangen zu essen. Eine entspannte Lösung wäre es, eine Viertelstunde auf den anderen zu warten, also weder um 19.31 Uhr wütend loszuschaufeln noch endlos zu warten, bis der gnädige Herr eingetroffen ist, um ihn dann mit Vorwürfen oder beredtem Schweigen abzustrafen und gemeinsam den Start in den Filmabend zu verpassen. Wetten, dass auch er sich besser fühlt, wenn sie nicht wütend und hungrig gewartet hat, sondern entspannt ist – und der weitere Abend schön werden kann?

Freuen Sie sich auf Veränderungen

Sie haben sich auf den Weg gemacht, Sie möchten etwas verändern. Zunächst einmal ist es nur ein aufregender Gedanke, der von vielen Fragen und Ängsten begleitet sein wird. Wie fühlt es sich an, etwas völlig Neues, Ungewohntes zu tun? Was passiert, wenn Sie gewohnte Denk- und Handlungsmuster durchbrechen? Wie fühlt es sich an, anders auf den Partner zuzugehen? Wird er es spüren? Wird er sich mitreißen lassen?

Obwohl das ganze Leben Veränderung ist, haben wir meist Angst vor ihr. Das ist schade, denn nur durch Veränderung bleibt das Leben spannend – und auch eine Beziehung. Es wird sicher hin und wieder etwas schiefgehen, wenn Sie völlig neue Wege gehen, etwas ausprobieren. Ein Tipp: Versuchen Sie, Situationen mit Humor zu nehmen – am schönsten wäre es, wenn Sie auch gemeinsam mit Ihrem Partner über Pannen lachen können.

Natürlich kann es auch dazu kommen, dass Ihr Partner eben nicht dasselbe möchte wie Sie. Dass es schwierig wird, Lösungen zu finden. Doch das ist ein Risiko, das Sie unbedingt eingehen sollten. Wenigstens haben Sie es dann probiert!

Lassen Sie sich nicht entmutigen: Es wird Rückschläge geben. Machen Sie trotzdem weiter. Arrangieren sie sich nicht mit einem Leben, einer Beziehung und einer Sexualität, die nur so lala sind. Sie haben nur dieses eine Leben – nutzen Sie es!

» *Wer Verantwortung für sich selbst übernimmt, kann scheitern. Doch wer es nicht tut, wird sicher nicht gewinnen. Wie entscheiden Sie sich?*

Kapitel 3
Machen Sie sich auf den Weg!

Sie wissen jetzt hoffentlich besser, wo Sie stehen. Nun geht es darum herauszufinden, wohin Sie tatsächlich wollen: Was wollen Sie in Ihrer Beziehung verändern, was in Ihrem Sex- und Liebesleben? Sie erfahren auch, was Sie selbst dafür tun müssen, um Ihr Ziel zu erreichen. Probieren Sie sich aus!

Gar kein Sex mehr?

MEINE KLIENTEN:
Nina (28), Andreas (29), seit 8 Jahren ein Paar

WARUM SIE BEI MIR SIND: *Die Initiative ging von Andreas aus. Sein Problem: Nina will fast keinen Sex mehr.*

Nina und Andreas sind schon seit acht Jahren ein Paar. Vor fünf Jahren haben sie geheiratet. Obwohl sie so jung sind, passiert sexuell in ihrer Beziehung fast gar nichts mehr. Andreas scheint darunter mehr zu leiden. Nina hält sich sehr zurück und sie scheint froh zu sein, dass ihr Mann die Gesprächsführung zunächst übernimmt. Sie wirkt schüchtern und redet nur, wenn ich sie direkt anspreche.

Andreas sagt: „Ich habe das Gefühl, Nina gar nicht richtig zu kennen. Ich hätte so gern wieder mehr Sex und auch, dass wir beide Spaß daran haben. Aber Nina spricht einfach nicht über ihre Wünsche beim Sex."

Mein Eindruck von Nina ist, dass sie grundsätzlich diejenige in der Beziehung ist, die weniger spricht, und je weniger sie sagt, desto drängender agiert Andreas. Auf die meisten meiner Fragen antwortet sie „weiß ich nicht" oder „keine Ahnung" … und gibt dabei ein recht hilfloses Bild ab. Nur langsam zeigt sich, dass auch Nina unter der Sexflaute leidet – ohne genauer sagen zu können, was sie gern hätte.

Wichtig war mir eine klare Antwort zu bekommen auf die Frage, ob sie denn überhaupt mit Andreas Sex haben will und vor allem: warum.

Denn ähnliche Probleme wie von den beiden höre ich immer wieder: Ein Partner wünscht sich mehr Sex, als er bekommt. Der andere Partner fühlt sich dadurch bedrängt und verweigert die intime Nähe immer öfter, weil er durch das dauernde „Drängeln" des Partners mehr und mehr in die Defensive gedrängt wird.

Nach der ersten Sitzung sagt Nina „Ich glaube, ich habe irgendeine Blockade, und die würde ich wirklich gern lösen".

Kurz: Beide sind bereit für eine Veränderung.

Veränderung – und was sie bedeutet

Haben Sie schon öfter versucht, „Kleinigkeiten" in Ihrem Leben zu verändern? Und haben Sie dabei festgestellt, dass das viel schwieriger war als gedacht?

Der Grund dafür ist, dass wir Gewohnheiten brechen müssen, wenn wir uns und unser Leben verändern wollen. Und an denen hängen wir. Denn wir entwickeln für alles, was wir tun, feste Muster. Das gibt uns Struktur und Sicherheit. Durch Gewohnheiten bestimmen wir, was wir essen, wo wir schlafen, was wir denken, worüber wir sprechen, wovor wir Angst haben, was wir begehren oder hassen.

Je länger wir mit einer bestimmten Gewohnheit leben, desto unbewusster setzen wir das entsprechende Verhaltensmuster ein. Das gilt für die Partnerschaft, die Sexualität und fürs Leben ganz allgemein.

Warum es so schwierig ist, den Schalter umzulegen, erklärt der Neurobiologe Gerald Hüther sehr anschaulich:[2] Jede Erfahrung, die wir machen, enthält einen kognitiven und einen emotionalen Anteil, die sich miteinander vernetzen. Wenn wir immer wieder ähnliche Erfahrungen machen, werden diese Vernetzungen immer dichter und stabiler – und schließlich entsteht daraus eine Haltung, die dann unser Verhalten steuert.

Wenn wir etwas verändern möchten, dann müssen wir neue Erfahrungen machen – welche, die neue Gefühle auslösen. Laut Gerald Hüther kann man einen anderen Menschen niemals dazu zwingen, sondern maximal dazu einladen, neue Erfahrungen zu machen, ihn dazu ermutigen und inspirieren. Das heißt, wir müssen inspiriert sein von etwas, begeistert sein, für etwas brennen, Enthusiasmus entwickeln.

STELLEN SIE SICH EINE FRAGE …

Wie denken Sie über Sex?

Ein Beispiel: Wenn Sie die Haltung und Einstellung haben „Sex ist blöd, lästig und anstrengend“, dann verhalten Sie sich auch entsprechend und werden alles versuchen, um Sex zu vermeiden. Wahrscheinlich haben Sie bei bisherigen sexuellen Erfahrungen unangenehme Gefühle entwickelt – und diese haben eine bestimmte Einstellung bei Ihnen verstärkt: Sie wollen keinen Sex mehr, denn der führt dazu, dass Sie sich schlecht fühlen. Um diese Einstellung zu verändern, ist es deshalb wichtig, dass Sie neue Erfahrungen machen. Das kann jedoch nur von Ihnen selbst ausgehen. Ein anderer kann Sie lediglich dazu einladen, neue Erfahrungen zu machen. Freiwilligkeit ist also wichtig – und kein Zwang, keine Appelle und Ermahnungen.

Wenn Ihnen Sex dagegen wirklich wichtig ist, können Sie Ihr Liebesleben auch verändern. Laden Sie Ihren Partner dazu ein, mit Ihnen neue Erfahrungen zu machen.

Sie müssen wissen, was Sie wollen

Nachdem Sie sich mit sich selbst befasst und einen ersten Einblick bekommen haben, wer Sie sind (siehe ab Seite 23), müssen Sie nun herausfinden, wohin Sie wollen. Möchten Sie tatsächlich eine Veränderung? Welche? Und: Was sind Sie bereit, dafür zu tun? Jede Veränderung hat einen Preis – sind Sie bereit, diesen zu zahlen?

Sobald Sie sich einmal entschieden haben, ein Ziel sehen, dass Ihnen wirklich am Herzen liegt, Sie mit Leidenschaft erfüllt, dann geht es nur noch darum, durch Ausprobieren immer neue Erfahrungen zu sammeln – und so neue Gewohnheiten und Verhaltensweisen aufzubauen.

Wichtig bei jeder Veränderung ist, dass Sie sie wirklich *wollen*. Denn nur so werden Sie stark bleiben, auch wenn es Widerstand und Rückschläge gibt – und damit sollten Sie unbedingt rechnen. Falls sich die Veränderungsphase also anfangs eher holprig anlässt und Sie auch mal stolpern, geben Sie nicht auf: Beginnen Sie einfach immer wieder neu. Laut verschiedener Studien etabliert sich eine neue Gewohnheit, wenn man sie mehrere Monate konsequent durchhält. Die Zeit spielt also in diesem Falle *für* Sie!

Machen Sie sich auf Widerstand gefasst – von Ihrem Partner, Freunden, der Familie … Und vor allem: Machen Sie sich klar, dass dieser Widerstand nicht unbedingt mit Ihnen zu tun hat, sondern mit den Menschen, von denen er ausgeht. Die meisten Menschen mögen es gar nicht, wenn sich ihr Partner verändert bzw. entwickelt. Denn das zwingt sie ein Stück weit, sich auch zu bewegen – oder sich zumindest mit einer veränderten Realität auseinanderzusetzen. Deshalb müssen Sie damit rechnen, dass Ihr Partner unter Umständen versucht, Ihre Veränderung aufzuhalten. Falls das passiert, bleiben Sie bei sich. Versuchen Sie Ihrem Partner klarzumachen, dass Ihre Veränderung kein Angriff gegen ihn ist, sondern etwas, was Sie *für sich* tun – und im besten Fall kommt es auch noch Ihrer Beziehung zugute!

ÜBUNG: Definieren Sie Ihr Ziel!

Am besten schreiben Sie sich auf, was Sie verändern möchten. Und auch, was *Sie selbst* dafür tun können und wollen. Falls Sie Ihr Sexleben verändern möchten, beantworten Sie die folgenden Fragen für sich – auch wenn sie Ihnen im ersten Moment abwegig erscheinen, ich verspreche Ihnen, sie sind wichtig!

- Warum wollen Sie Sex haben?
- Wollen Sie das wirklich?
- Und wenn ja: Wollen Sie das mit Ihrem Partner?
- Definieren Sie Ihr Ziel. Und dann: Legen Sie los!

IDEEN FÜR DIE PRAXIS: Veränderungen umsetzen

Mit den folgenden Tipps und Ideen fällt es Ihnen bestimmt leichter, die Anfangsphase erfolgreich zu meistern – und danach wird es einfacher!

Gewohnheiten brechen

Üben Sie bei jeder Gelegenheit, eingefahrene Gewohnheiten zu brechen, die nur noch existieren, „weil Sie das schon immer so gemacht haben". Tun Sie immer wieder einmal das Gegenteil von dem, was Sie bisher getan haben: Wenn Sie sonst immer mit dem Bus zur Arbeit fahren, probieren Sie es morgen mit dem Rad. Statt im italienischen Lieblingsrestaurant immer die Pizza zu essen, probieren Sie beim nächsten Mal ein Nudelgericht, das Sie noch nicht gegessen haben. Statt die Joggingrunde rechtsherum zu laufen, nehmen Sie sie morgen früh von links. Statt im nächsten Urlaub wieder all inclusive in den Club zu fahren, versuchen Sie es doch einfach mal mit einer Rucksacktour. Statt immer nur das schwarze oder graue Outfit zu kaufen, nehmen Sie beim nächsten Shopping endlich mal das bunte Teil. Sie verwenden immer nur farblosen Lipgloss? Kaufen Sie sich einen roten Lippenstift. Probieren Sie einfach aus, was immer Ihnen einfällt. Sie werden Überraschungen erleben, versprochen!

Sex mal ganz neu

Auch beim Sex tut es beiden gut, Gewohnheiten zu brechen: Statt abzuwarten, bis der Partner möglicherweise Sex initiiert, ergreifen Sie selbst die Initiative. Statt wie bisher immer „sie kommt zuerst, dann er und das war's" sorgen Sie für Abwechslung: Mindestens „heute mal andersrum."

Alleingänge machen das Leben spannend

Unternehmen Sie etwas ganz allein: Ein Nachmittag allein im Café, abends allein ins Kino gehen, am Wochenende mal allein wandern … Die meisten Menschen in Beziehungen unternehmen so etwas nur noch gemeinsam. Und viele Singles ziehen prinzipiell mit bester Freundin oder einer Gruppe Freunden los. Weil wir es so gewohnt sind – und lieber verzichten wir auf einen Ausflug, weil niemand mitkommen will oder kann, als dass wir allein aufbrechen. Das können Sie ändern! Impulse von außen beleben die Beziehung!

Angst & Mut

Warum haben wir so viel Angst vor Veränderungen? Warum fällt es uns so schwer, Gewohnheiten über Bord zu werfen? Ein Aspekt ist unser Sicherheitsbestreben (siehe ab Seite 17). Ein weiterer, dass unsere Umgebung oft auch mit Angst reagiert, weil natürlich auch der Partner, die Familie und Freunde befürchten, Sicherheit einzubüßen (und insgeheim auch: Bequemlichkeit).

Angst ist oft ein sinnvoller Indikator. Ebenso häufig aber auch ein Hemmschuh für Entwicklungen. Denn unrealistische Ängste halten uns mitunter in Lebenssituationen fest, die einschränkend sind, die gar nicht mehr zu uns passen – und in denen manche Menschen dann ein Leben lang verharren.

Wer Angst hat, der befürchtet „keine Wahl mehr zu haben". Aber das stimmt nicht! Es gibt immer mehr als einen Ausweg aus einer angstbesetzten Situation. Unsere Ängste anzunehmen, ist ein erster Schritt. Dabei kann es schon helfen, wenn man sich den Unterschied zwischen realistischen und unrealistischen Ängsten bewusst macht. Denn realistische Ängste sind sinnvoll – sie bewahren uns zum Beispiel davor, uns zu weit aus dem Fenster zu lehnen, zu nahe an einer stark befahrenen Straße zu stehen oder andere unsinnige Risiken einzugehen. Bei unrealistischen Ängsten dagegen verselbstständigen sich die Gedanken und laufen in einer Endlosschleife. Manche Menschen entwerfen dann richtige Horrorszenarien, die mit der Realität nur noch wenig gemeinsam haben.

Die größte Angst, die wir in Beziehungen haben, ist typischerweise die vor Zurückweisung – die Angst davor, vom Partner verlassen zu werden und am Ende allein dazustehen. Ich bitte Sie dafür einmal zu überlegen, wie realistisch es ist, dass Ihr Partner Sie verlässt, wenn Sie sexuelle Wünsche anbringen würden, auch wenn diese seinem Geschmack nicht entsprechen? Ich gehe davon aus, dass er schlimmstenfalls *Nein* sagt. Oder eigene Vorschläge macht, wodurch Sie in einen Austausch kommen. Sollte tatsächlich der Fall eintreten, dass Ihr Partner Sie verlässt, weil Sie beispielsweise mit ihm ein sexuelles Rollenspiel ausprobieren wollen, dann ist das Äußern Ihrer sexuellen Wünsche maximal der Auslöser für eine Trennung, aber wohl kaum die Ursache!

» *Mut zur Veränderung – das ist der Mut, sich auf Unbekanntes einzulassen und dafür Risiken einzugehen.*

Wir alle sehnen uns danach, geliebt zu werden. Und zwar so, wie wir sind, mit allen Schwächen und Stärken. Das bedeutet allerdings auch, dass wir uns den Menschen, die uns wichtig sind, vollständig zeigen müssten – um ihnen überhaupt die Chance zu geben, uns so zu sehen und zu lieben, wie wir tatsächlich sind. Also auch mit der einen oder anderen sexuellen Vorliebe, die der Partner nicht teilen muss. Das wird nicht das Ende der Liebe sein, denn Unterschiede sind erlaubt!

Die Angst vor Trennung und vor dem Alleinsein wird übrigens kleiner, je mehr wir zu uns selbst stehen können, uns selbst kennen und uns selbst vertrauen. Gerade in der Kommunikation mit dem Partner geht es dabei um die Balance zwischen der Fähigkeit, zu sich selbst zu stehen und der Bereitschaft, Kompromisse einzugehen.

Der Sexualtherapeut David Schnarch bezeichnet diese Fähigkeit als „Differenzierung"[3] und meint damit die *„Fähigkeit, im engen emotionalen und/oder körperlichen Kontakt zu anderen ein stabiles Selbstgefühl zu wahren – insbesondere wenn diese anderen Ihnen immer wichtiger werden. Differenzierung versetzt Sie in die Lage, den eigenen Kurs selbst dann zu halten, wenn der Partner, Freunde und Familienmitglieder Druck auf Sie ausüben, damit Sie einlenken und mit ihnen konform gehen."*

Wenn Sie sich selbst, Ihre Bedürfnisse und Wünsche kennen und eigenverantwortlich leben, werden Sie es immer mehr schaffen, in Auseinandersetzungen bei sich selbst und dennoch mit dem anderen in Verbindung zu bleiben. Kurz gesagt: Sie können Auseinandersetzungen aushalten, ohne sich ängstlich davor zu drücken oder „klein bei zu geben", obwohl der Ärger weiter in Ihnen grummelt.

Um Ängste zu überwinden, braucht es Mut. Und Mut bedeutet, etwas zu wagen, dessen Ausgang ungewiss ist, aber was der Veränderung dient. Probieren Sie sich aus: Lassen Sie nicht zu, dass unrealistische Ängste Sie derart lähmen, dass Sie von Vornherein auf das Leben in all seinen Facetten verzichten, bevor Sie überhaupt gefragt haben!

ÜBUNG: mit Ängsten umgehen

Auf dem Weg der Veränderung ist es wichtig, den Umgang mit Ängsten zu trainieren. Versuchen Sie vor allem, realistische von unrealistischen Ängsten zu unterscheiden.

Nehmen Sie dafür Schreibzeug zur Hand oder nutzen Sie Ihr Tagebuch (siehe Seite 30). Schreiben Sie Ihre Ängste auf. Und zwar alle, die Ihnen einfallen.

Dann sortieren Sie diese Ängste in drei Gruppen: Welche sind realistisch? Welche relativ unrealistisch? Und welche sind völlig unrealistisch?

Hier ein paar Beispiele:

- *Realistische Ängste* sind in meinen Augen folgende: Die Angst vor Konflikten, Streit und Auseinandersetzungen – denn die wird es möglicherweise geben. Oder die Angst, dass der Partner Sie auslachen, Ihre Gedanken und Gefühle nicht ernst nehmen könnte … kurzum: Sie machen sich verletzlich, ohne vorher zu wissen, wie Ihr Partner reagiert.
- *Relativ unrealistisch* wäre die Angst vor sofortiger Trennung. Diese könnte erst ja erst nach längerer und immer wieder gescheiterter Auseinandersetzung eine mögliche Konsequenz sein. Diese Angst ist verbunden mit der Angst vor Trauer, Existenzängsten, Angst vor dem Urteil anderer … und bremst deshalb viele Menschen aus.
- *Sehr unrealistische Ängste* sind Gedankenschrauben à la: „Ich finde nie mehr einen Partner, werde bis an mein Lebensende allein bleiben, werde von wem oder was auch immer bestraft, alle werden sich von mir abwenden, ich werde sicher Hartz-IV-Empfänger, meine Kinder bekommen einen irreparablen Schaden" …

Und was sind Ihre Ängste? Haben Sie alle aufgeschrieben? Gut!
Mit den unrealistischen Ängsten müssen Sie sich nicht mehr befassen. Und die realistischen – nun, denen müssen Sie sich tatsächlich stellen. Sie müssen selbst überlegen, ob Sie bereit sind, die damit verbundenen Risiken in Kauf zu nehmen. Denn immer, wenn Menschen die Komfortzone verlassen, also etwas tun, das neu ist, tritt Angst auf – sie gehört zu Weiterentwicklung und Wachstum dazu. Überlegen Sie also: Wollen Sie Veränderung? Sind Sie bereit, die Reaktion des anderen auszuhalten zugunsten der eigenen Entwicklung? Dann kann es weitergehen! Falls Sie unrealistische Ängste gar nicht abstellen können, in Gedankenschrauben gefangen bleiben, könnte es helfen, therapeutische Hilfe in Anspruch zu nehmen.

Welchen Sex hätten Sie denn gern?

Sie haben in Kapitel 1 und 2 viel über Veränderung gelesen. Rechnen Sie mit Veränderung in allen Bereichen des Lebens und Ihrer Beziehung, nicht nur im Sexleben – denn es wird nicht funktionieren, alles beim Alten zu lassen und dennoch im Bett plötzlich ein bisher unbekanntes Feuerwerk zu erleben. Jetzt also ganz konkret: Welchen Sex wünschen Sie sich? Was möchten Sie verändern?

STELLEN SIE SICH EINE FRAGE...

Wie soll Ihr Sexleben aussehen – welche Veränderung wünschen Sie sich?

Und wie geht es weiter in der „unfreiwillig sexfreien Zone"?

ZURÜCK *zu Nina und Andreas*

Sie erinnern sich an Nina und Andreas (siehe ab Seite 39): Er hätte gern mehr Sex. Als die beiden wieder bei mir sind, wird allmählich auch Nina ein wenig munterer und es stellt sich heraus, dass ihre sexuelle Unlust gar nicht so fundamental ist, wie es zunächst schien. Wir sprechen über Wünsche, Fantasien und Vorlieben …

Nina, die sich anfangs sehr schüchtern und verklemmt darstellte, wird zunehmend direkter: Der bisherige Sex mit Andreas war einfach nicht so, wie sie es sich wünscht. Sie wollte ihn nicht verletzen und schwieg lieber. Was sie aber tatsächlich will, kann sie auch noch nicht konkret sagen.

Andreas scheint überrascht, aber auch erleichtert, weil seine Frau doch immerhin auch mehr Sex möchte. Und es wird klar, wo das eigentliche Problem liegt: Seine Bettelei nach Sex macht sie wahnsinnig. Je mehr Druck er ausübt, desto mehr zieht sie sich zurück.

Beim dritten Treffen erlebe ich Nina noch offener und mutiger und Andreas als sehr aufmerksam. Ihm wird zunehmend klar, dass von seiner Seite ebenso Veränderung nötig ist – und nicht nur von Nina. Sie gesteht sehr mutig, dass sie oft das Gefühl habe, ihr Mann erdrücke sie mit seiner Liebe und Sehnsucht nach Körperlichkeit. Am Anfang der Beziehung fand sie das schön, aber inzwischen nimmt es ihr die Luft zum Atmen. Es zeigt sich, dass beide in einer fast symbiotischen Beziehung leben, in der es wenig Freiraum für eigene Unternehmungen gibt, was beide zunehmend unfrei werden ließ. Offensichtlich braucht Andreas die dauerhafte Nähe mehr als Nina und sie hat sich seinen Bedürfnissen angepasst – ihre Hobbys vernachlässigt und auch ihren großen Freundeskreis. Er hat – wie übrigens sehr viele Männer – kaum Freunde.

Überzeugt davon, dass inzwischen ein günstiger Zeitpunkt für eine neue Erfahrung gekommen ist, schlage ich beiden vor, eine erotische Geschichte zu verfassen, in der sie die Hauptakteure sind. Es soll eine Situation sein, die erregend und erotisch auf sie wirkt. Ich schlage vor, dass jeder für sich seine Version aufschreibt, in einen Umschlag legt und zu unserem nächsten Treffen mitbringt.

Mir geht es bei dieser Aufgabe nicht darum zu erfahren, was meine Klienten geschrieben haben, sondern sie an den Punkt zu bringen, sich mit ihrer Sexualität auseinanderzusetzen. Nach meiner Erfahrung ist es so, dass die Partner sich überraschend gern über ihre erotischen Geschichten austauschen (immer vorausgesetzt, beide wollen auch wirklich Sex, und den auch noch miteinander!), aber oft lieber allein zu Hause als bei mir. Das finde ich wunderbar, denn die beiden sollen ja miteinander ins Gespräch kommen – oder auch noch weiter. Bei Nina und Andreas hat das übrigens tatsächlich funktioniert …

ÜBUNG: Fantastischer Sex

Mein oben beschriebener Vorschlag an Andreas und Nina basiert auf dem sogenannten ISS – dem idealen sexuellen Szenario.[4] Der Sexualtherapeut Ulrich Clement hat dieses Szenario und die Übung entworfen. Gerade wenn Sie vielleicht den Mut zum offenen Austausch mit Ihrem Partner noch nicht finden oder sich über

Ihre eigenen Wünsche noch nicht so ganz im Klaren sind, kommen Sie Ihren sexuellen Fantasien mit dieser Übung bestimmt ein ganzes Stück näher.

Machen Sie es sich bequem, sorgen Sie dafür, dass Sie ungestört sind, nehmen Sie etwas zum Schreiben zur Hand – vielleicht Ihr Tagebuch – und gehen Sie auf Gedankenreise: Vorab ist wichtig, dass Sie bei der folgenden Gedankenübung keine Rücksicht auf Ihren Partner nehmen müssen und sollen, es geht jetzt nur um Ihre Fantasien und Träume.

Stellen Sie sich ein sexuelles Szenario vor, das Sie absolut erregend finden, quasi eine erotische Geschichte, in der Sie selbst die Hauptrolle spielen. Schreiben Sie diese Geschichte nur für sich selbst. Ob Ihr Partner davon erfahren soll, bleibt zunächst offen. Sie ganz allein entwickeln die Story: Stellen Sie sich eine für Sie absolut erregende, heiße, erotische Situation vor. Was würde passieren? Wer wäre dabei? Was würden Sie selbst tun? Was könnten Sie ganz besonders genießen … Schreiben Sie Ihre Geschichte auf.

Falls es Ihnen sehr schwer fällt, diese Fantasie von Ihrem Partner „abzukoppeln", können Sie sich das Szenario natürlich auch mit Ihrem Liebsten vorstellen. Wichtig ist jedoch, dass Sie wirklich Ihre eigenen Wünsche uneingeschränkt in den Mittelpunkt stellen: Alles ist erlaubt, es gibt keine moralische Bewertung. Die Geschichte hat nur eine Hauptperson – und das sind Sie selbst. Ihr Partner kann, muss aber keine Rolle darin spielen. Wichtig ist allein, dass die Geschichte möglichst konkret Ihre Wünsche widerspiegelt. Stellen Sie möglichst detailliert dar, was Sie mit wem, wo und wie erleben. Beschreiben Sie Szenen, keine Gefühle. Falls Sie mehrere erotische Fantasien haben, auf die Sie so richtig abfahren, beschreiben Sie einfach eine davon, am besten die, die Sie jetzt gerade am meisten anmachen würde.

Diese Geschichte hilft Ihnen, Ihre eigenen Wünsche klarer zu erkennen. Sie können sie nur für sich aufschreiben. Falls Sie Lust haben, sie Ihrem Partner zu zeigen, vorzulesen oder ihn auf ein erotisches Abenteuer einzuladen und die Geschichte mit ihm zu spielen … alles ist möglich!

Natürlich „darf" Ihr Partner auch eine eigene Geschichte schreiben. Oder Sie schreiben beide zusammen eine erotische Geschichte – abwechselnd jeder einen Satz – das macht wirklich Spaß …

ZUM AUSPROBIEREN

Gehen Sie ein Risiko ein

Was könnte passieren, wenn Sie sich dem Partner öffnen und über Ihre geheimen Sehnsüchte sprechen? Was ist eigentlich das „worst case scenario" einer möglichen Antwort? Und was wäre die positive Konsequenz? Stellen Sie sich einmal vor, wie begeistert Ihr Partner womöglich auf Ihre sexuelle Einladung eingehen wird …

Lieben Sie sich selbst!

Die Grundlage für prickelnde Erotik, gute sexuelle Kommunikation und mehr Lust auf einen anderen Menschen ist die Liebe zu sich selbst und zu seinem eigenen Körper. Denn nur so erfahren Sie auch, was Ihnen Spaß macht und Lust bereitet.

Und dennoch findet Selbstbefriedigung, der Sex im Alleingang, nach wie vor im Verborgenen statt. Dabei ist das für die allermeisten Menschen die erste und häufigste Art von Sex, die sie im Laufe ihres Lebens haben! Übrigens auch die unkomplizierteste, denn dabei agiert man ganz allein, ohne fremde Erwartungen, ohne Zwang zur Rücksicht, ohne Leistungsdruck.

Ein weiterer unschlagbarer Vorteil der Selbstbefriedigung ist es, dass Sie dabei wirklich jeder sexuellen Fantasie nachgeben können. Sie können dabei mit jedem Menschen Sex haben, der Ihnen Lust macht. Sie können das tun, auf welche Art Sie wollen – in Ihren Gedanken darf alles sein! Noch dazu kann das geschehen, ohne dass Ihre Beziehung im Mindesten davon beeinträchtigt wird, ganz im Gegenteil: Die erotische Selbstentdeckung zeigt Ihnen auch den Weg zu Ihren eigenen Wünschen, zu verborgenen Verletzlichkeiten und verschütteten Erfahrungen. Ihre Fantasien bei der Selbstbefriedigung können eine Menge über Sie aussagen und Ihnen den Weg zu sich selbst zeigen. Das kann Ihnen helfen, sich selbst immer besser kennenzulernen.

Noch dazu ist der Sex mit sich selbst eine Einstimmung auf den Sex mit dem Partner. Sie können ganz bestimmt immer wieder einige der Ideen aus Ihren gedanklichen erotischen Alleingängen in Ihre partnerschaftliche Sexualität einbringen.

Kurz und gut: Man kann wirklich sagen, dass Selbstbefriedigung ein Muss ist, wenn man befriedigenden Sex auch mit anderen Menschen haben möchte.

Übrigens …

… ist für viele Frauen die Liebe mit sich selbst die einfachste und zuverlässigste Art, einen Orgasmus zu bekommen, denn auch wenn sich das Ammenmärchen vom vaginalen Orgasmus seit Generationen beharrlich hält: An dieser Stelle sei erwähnt, dass diese Art Orgasmus nur etwa ein Drittel aller Frauen tatsächlich erleben. Die anderen – also die meisten Frauen – brauchen (zusätzliche) klitorale Stimulation, um zum Orgasmus zu kommen. Und selbst dann beschreiben viele Frauen den klitoralen als bedeutend intensiver als den vaginalen.

Ich finde es wirklich unglaublich, dass Frauen heute noch überzeugt davon sind, „nicht in Ordnung“ zu sein, nur weil sie zu einer Zweidrittel-Mehrheit gehören! Wenn die Mär um den weiblichen Höhepunkt schon unter Frauen dazu führt, sich unzulänglich zu fühlen, was glauben Sie, wie es dann wohl erst um die Aufklärung zu diesem Thema beim männlichen Geschlecht steht? Wer soll den Männern denn beibringen, was Frauen wollen, wenn die es selbst nicht wissen?

IDEEN FÜR DIE PRAXIS:
Haben Sie Spaß mit sich selbst!

Kaum ein Lebensbereich ist so vollgestopft mit hinderlichen Glaubenssätzen und inneren Verboten wie die Sexualität. Wenn Sie wirklich Freude an ungehemmtem, heißem Sex haben wollen, müssen Sie diesen Spaßbremsen entkommen – und am besten proben Sie das bei der Selbstbefriedigung. Hier ein paar Tipps und Ideen.

Folgen Sie Ihrer Fantasie

Welche sexuellen Erlebnisse, Szenen, Erfahrungen haben Ihnen besonders gefallen und sind Ihnen in guter Erinnerung? Wo ist es Ihnen gelungen, den Verstand mal völlig abzuschalten? Mit wem, in welcher Situation, wer hat was dafür getan? Können Sie diese Situationen in der Fantasie noch weiter ausbauen? Beschäftigen Sie sich ruhig ausgiebig damit, welche Fantasien Sie haben und welche davon Sie realisieren könnten. Übrigens: Ich höre häufig, dass Frauen sich mehr männliche Energie wünschen, also einen selbstbestimmten Mann, der die Initiative übernimmt, natürlich ohne gegen den Willen der Frau zu agieren. Einen „echten Kerl" also …

Suchen Sie nach Inspiration

Falls Ihnen anfangs Ideen fehlen, bringen Sie Ihr Kopfkino auf Touren – nutzen Sie alles, was Sie inspiriert, also auch erotische Lektüre und Filme. Oder Sie lassen Ihren Gedanken wirklich freien Lauf und fantasieren sich zusammen, was Sie richtig scharf finden und gern mal erleben würden. Ganz ohne innere Zensur! Ob Sie in der Bahn sitzen oder im Café, spinnen Sie sich eine Geschichte zusammen aus dem, was Sie dort sehen: den Springbrunnen in der Mitte des Parks, die verborgene Ecke hinter dem Supermarktregal … was könnten Sie hier wohl anstellen? Spinnen, träumen und fabulieren Sie – in Ihren Gedanken ist alles erlaubt!

Freuen Sie sich schon mal …

Auch ein erotisches Date mit sich selbst können Sie durchaus zelebrieren. Genießen Sie die Vorfreude, indem Sie tagsüber immer wieder einmal daran denken und sich auf das kleine Abenteuer am Abend freuen. Vielleicht gehen Sie gern schwimmen oder in die Sauna? Dann können Sie dabei Ihre Gedanken schon mal heiß laufen lassen ...

Spaß auf die Schnelle ...
Wie wär's mit einem Quickie mit sich selbst? In der Mittagspause auf der Toilette, versteckt im Auto, in der Garage oder gleich nach Arbeitsschluss zu Hause unter der Dusche ...

ZUM AUSPROBIEREN

Auch hierfür nutzen Sie am besten einen Moment, in dem Sie sicher ungestört sind: Schauen Sie sich zunächst in einem Spiegel an. Zuerst nur das Gesicht, dann – in einem größeren Spiegel – den ganzen Körper. Ziehen Sie sich langsam aus. Nun lieben Sie sich selbst und sehen sich dabei zu – macht sie das an? Können Sie es genießen?

Sagen Sie doch, was Sie wollen!

Wenn Sie bis hierher gelesen haben, wird es Sie nicht mehr überraschen, dass es gerade im Bereich der Sexualität besonders schwierig sein kann, Wünsche und Bedürfnisse offen zu kommunizieren: In Beziehungen stehen der Kommunikation allgemein Verlustängste im Weg (siehe ab Seite 17), beim Sex kommt noch hinzu, dass wir durch oft unbrauchbare und unpassende Glaubenssätze geprägt sind (siehe ab Seite 26). Sich dem Partner so zu zeigen, wie man wirklich ist, erfordert Mut und Reife. Und so wie jede Frucht einen langen Reifeprozess durchlebt, ist wahre Authentizität für uns Menschen ein lebenslanger Prozess, der bis zum Schluss geschieht. Bis ans Ende können wir uns weiter entwickeln – und wir müssen es auch!

Die Ebenen der Sexualität

Betrachtet man die Sexualität genauer, kann man sie in drei Ebenen gliedern: die *Lustebene*, die *Fortpflanzungsebene* und die *Kommunikationsebene*. Letztere halte ich für die wichtigste. Ob wir dabei mit Worten, Gesten, spielerischen Elementen oder auch nur gedanklich kommunizieren, ist gleich. Wir nehmen mit dem Gegenüber Kontakt auf und stellen im besten Fall eine Verbindung her.

Im Laufe einer Beziehung treten die verschiedenen Ebenen der Sexualität abwechselnd in den Vordergrund, wodurch sich Gewichtung und Wertigkeit der anderen Ebenen verschieben können. Zu Beginn braucht guter Sex zumeist nicht viele Worte, weil die Lustebene alle anderen überlagert. Verliert die Lustebene an Gewicht, treten Kommunikationsebene und vielleicht auch die Fortpflanzungsebene in den Vordergrund. Letztere kann im entsprechenden Alter alle anderen Ebenen quasi ausschalten, dann nämlich, wenn der Kinderwunsch in den Fokus tritt. Ab einem gewissen Alter entfällt die Ebene der Fortpflanzung dann schließlich. Kommunikation und Lust können nun wieder stärker in den Vordergrunde treten – wenn das beide wollen.

Es ist in jeder Phase der Beziehung ein großes Plus, wenn die Kommunikation zwischen den Partnern sehr gut bleibt. All diese Ebenen sind in ständiger Entwicklung, so wie die Menschen in der Beziehung auch. Immer wieder neu müssen sich beide aufeinander einlassen, ihre Verbindung lebendig halten. Am einfachsten ist das für die Paare, die von Anfang an gut und ausführlich kommunizieren.

Sex und Kommunikation – so kann es klappen

Wenn Sie als Paar Ihre eigene „sexuelle Sprache" finden, können Sie einander lustvoll mitteilen, was Sie sich wünschen. Das gelingt besonders gut, wenn Sie über einige erotische Kommunikationsstrategien verfügen. Denn meine Erfahrung ist, dass es meist gar nicht in allererster Linie drauf ankommt, *was* man sagt, sondern vielmehr darauf, *wie:* Sagen Sie das, was Sie sagen wollen, möglichst klar und dennoch empathisch.

Dazu gehört auch, dass Sie einen günstigen Moment abwarten, statt zwischen Tür und Angel über den anderen herzufallen. Den *richtigen* Moment für grundsätzliche Ansagen gibt es wahrscheinlich nicht, aber es gibt tatsächlich günstige Momente. Zeigen Sie Verständnis und gehen Sie auf Ihren Partner ein, der vielleicht innerlich gerade vom Stuhl fällt, wenn Sie existenzielle Themen anschneiden – und das ist Sexualität immer.

Sehr wichtig ist natürlich auch, dass man den anderen nicht abwertet („Du bist echt eine Null im Bett"), sondern ihn einlädt: „Ich würde mir wünschen, dass wir mal wieder etwas Aufregendes erleben – was hältst du von ...?"

IDEEN FÜR DIE PRAXIS: Die VW-Regel

Eine Kommunikationsstrategie, die sicher nicht nur beim Sex zum Erfolg führt, orientiert sich an der sogenannten VW-Regel von Manfred Prior.[5] Ich setze sie gern ein.

Ziel dieser Strategie ist es, den in der Kommunikation oft zur Gewohnheit gewordenen Vorwurf in einen Wunsch umzuwandeln, also vom *Du* auf das *Ich* zu kommen. Wichtig ist außerdem, dass Sie möglichst keine Generalisierungen verwenden (nie, immer, ständig, dauernd).

Das V steht für Vorwurf, das W für Wunsch. Der Vorwurf richtet sich an den Partner und beinhaltet das *Du* „Du machst immer ...", der Wunsch hingegen ist *Ich*-bezogen „Ich wünsche mir, dass ..."

Hier einige Beispiele, die in der Paarkommunikation der meisten Paare vorkommen – womöglich kommen sie Ihnen unangenehm bekannt vor:

- „Du hörst mir nie richtig zu." Besser wäre hier: „Ich wünsche mir, dass du mir zuhörst."
- „Ständig meckerst du an mir herum." Sagen Sie lieber: „Ich wünsche mir, dass du mich nicht so oft kritisierst."

- „Immer nur diese schnelle Nummer am Samstagabend." Besser klingt da: „Ich wünsche mir mal wieder einen schönen, romantischen Abend, schönes Essen, ein Glas Rotwein – und Nachtisch im Bett!"

Kommunikation von Herzen

Meiner Meinung nach ist eine wirklich innige, intime Kommunikation der Schlüssel zum wirklichen Miteinander. Sicher kennen Sie das Gefühl, wenn man eine Verbindung mit einem anderen Menschen hat, die richtig spürbar ist. Das hat oft gar nichts mit sexueller Anziehung zu tun, sondern es ist eine andere Art Verbindung. Man spürt sie manchmal schon durch einen Blick in die Augen des anderen oder nur durch eine leichte Berührung an der Hand oder Ähnliches. Da fließt etwas zwischen den Menschen und das ist dann eine echte Begegnung, echte Nähe, eine echte Verbindung. Das muss man aushalten können! Und das hängt auch davon ab, ob jemand es zulässt, dass er „erkannt" wird, und der andere das auch will, also das Gegenüber wirklich erkennen!

Sie funktioniert vor allem über die Augen – deshalb schließen Menschen manchmal die Augen, wenn es zu „intim" wird. Das ist möglicherweise der Grund, warum Sex oft im dunklen Zimmer abläuft oder häufig Praktiken gewählt werden, bei denen man den Blickkontakt vermeiden kann.

Kommunikation von Herzen ist es, wenn Partner sich gern auch im Gespräch oder einfach so am Tisch oder auf dem Sofa sitzend in die Augen blicken und sich dabei beruhigen und entspannen.

Sein Herz zu öffnen setzt voraus, dass man sich selbst berühren lässt und etwas von sich selbst zeigt – und sich damit verletzbar macht. Nur so kann man auch andere berühren. Ich erinnere mich an keine Situation in meiner Praxis, in der der Partner nicht zutiefst berührt gewesen wäre, wenn der andere sich wirklich geöffnet hat. Sich berührbar machen und sich trauen, den anderen zu berühren – das würde ich dazu sagen.

Echte Intimität – ein unglaubliches Gefühl und ein zutiefst verbindendes zudem.[6]

ZUM AUSPROBIEREN

Kommunikation, die zu Herzen geht

Nehmen Sie sich Zeit füreinander. Richten Sie sich eine Umgebung ein, in der Sie nichts anderes stört oder ablenkt. Sehen Sie einander wirklich an. Kommunizieren Sie miteinander – nicht mit Worten, sondern mit Blicken und Gedanken. Ohne nebenher abzuwaschen, zu kochen, am iPhone rumzuspielen oder in den Fernseher zu schauen. Sie können einander am Tisch gegenübersitzen und sich ansehen. Nur die Hand des anderen berühren und beobachten, was passiert. Fließt da etwas? Wollen Sie überhaupt, dass da etwas fließt?

Ich brauch's einfach nicht – was jetzt?

Nicht immer funktioniert es so wie in unserem Fallbeispiel: Nina war sofort klar, dass Andreas' Problem – „Ich wünsche mir mehr Sex" – eines war, das beide anging und das nur beide gemeinsam lösen konnten. Leider gibt es häufig die Situation, dass derjenige, der weniger Sex braucht oder wünscht, das nicht als sein Problem empfindet und entsprechend wenig Bereitschaft hat, diese Situation zu verändern – er hat schließlich keinen Leidensdruck. Was also tun, wenn der Partner sagt: „Ich brauch's nicht"?

Wenn wir ganz ehrlich sind, fällt es uns oft schwer zu spüren, was wir tatsächlich brauchen. Menschen, die sagen „Ich brauche keinen Sex", haben vielleicht noch nie guten, befriedigenden, tollen Sex gehabt, sie wissen also gar nicht, was sie „verpassen". Andere haben möglicherweise sehr schlechte Erfahrungen gemacht – etwas, das sich manchmal wirklich nur mit therapeutischer Unterstützung auflösen lässt. Auch Stress und permanente Überforderung können dazu führen, dass jemand glaubt, Sex „nicht zu brauchen". Der Grund dafür ist: Es gibt so viele – scheinbar – wichtige Dinge, dass der Sex in der Prioritätenliste einfach immer weiter nach hinten rutscht. Wieder andere schieben das „Ich brauch's nicht" vor, um sich nicht mit sich und ihrer Sexualität auseinanderzusetzen – oder weil sie ihrem Partner einfach nicht sagen können oder wollen, dass sie den Sex *mit ihm* nicht brauchen. „Ich brauch's nicht" ist dann eine galante – oder feige? – Art, sich aus der Affäre zu ziehen. Diese Möglichkeit wird offensichtlich, wenn jemand, der angeblich keinen Sex brauchte, mit einem neuen Partner plötzlich ungeahnte sexuelle Erfahrungen hat – und Sex auf einmal wirklich sehr, sehr gern mag (siehe auch Fallbeispiel ab Seite 120).

ZUM AUSPROBIEREN

Was brauchen Sie?

Notieren Sie jeder für sich: Welche Bedeutung hat für Sie Freundschaft, Partnerschaft und Sexualität? Was davon ist Ihnen wichtig, was brauchen Sie? Warum – oder warum nicht? Beschreiben Sie, welche Vorstellung von Sex Sie haben, welche Bedeutung Sie ihm geben. Sprechen Sie miteinander darüber.

Ich glaube, um wirklich herauszufinden, was wir brauchen und was wir uns wünschen, müssen wir den Mut aufbringen, uns bestimmte Gedanken bewusst zu erlauben: Was regt Sie an? Was törnt Sie ab? Welche Filmszenen sprechen Sie an, welche erotische Literatur oder Hörbücher … Es gilt nur, es auszuprobieren – trauen Sie sich! Wir brauchen den Mut, unsere sexuellen Gedanken zuzulassen. Und wir brauchen absolute und schonungslose Ehrlichkeit gegenüber uns selbst.

Das ist besonders schwierig beim Thema Sex. Denn dabei sind wir schutzlos, ja: Wir müssen schutzlos sein, um uns öffnen zu können. Dann fallen die Hüllen und Masken, man selbst lässt sich fallen, alle Schutzmechanismen, die man sich fürs normale Leben so mühsam aufgebaut hat, sind hier hindernd. Und daraus wächst die Angst, verletzbarer zu sein, als man es möchte.

Dabei liegt gerade hier die wunderbare Gelegenheit echte Intimität zu erfahren. Die wird übrigens in der intensiven Kommunikation mit nahestehenden Menschen genauso erlebbar wie in körperlichen oder sexuellen Handlungen, kurz: je intimer es werden soll, umso mehr sind wir gefordert uns so zu zeigen, wie wir tatsächlich sind.

Wenn ein Partner sagt: „Ich brauch's nicht." …

Sollte in Ihrer Beziehung tatsächlich das Bedürfnis nach Sex und körperlicher Nähe sehr unterschiedlich ausgeprägt sein – denn dieses Bedürfnis ist sehr individuell – denken Sie ruhig darüber nach, ob Sie Hilfe in Anspruch nehmen wollen, falls Sie diesen Konflikt zu zweit nicht lösen können.

Auf keinen Fall sollte einer der Partner dauerhaft völlig auf Sex verzichten – und auch keiner gegen seinen Willen welchen haben müssen. Es geht auch nicht darum, eine „Schuldfrage" zu lösen. Sondern darum, eine Möglichkeit zu finden, die beiden ein erfülltes glückliches Leben möglich macht.

Falls Sie der Partner sind, der keinen Sex mehr möchte, überlegen Sie, was der Grund dafür sein könnte. Manchmal liegt es an recht einfachen Dingen, wie etwa daran, dass man unzufrieden mit seinem Körper ist und Sex deshalb vermeidet. Vor allem Frauen sind oft sehr kritisch mit ihrem Körper und haben eine völlig unrealistische Vorstellung davon, wie er zu sein hat. Fragen Sie sich deshalb ehrlich: Wie zufrieden sind Sie mit Ihrem Körper? Mögen Sie sich so, wie Sie sind? Manchmal liegen andere Ursachen zugrunde: Vielleicht stimmt für Sie etwas in Ihrer Beziehung nicht? Versuchen Sie, den Gründen für Ihre Abneigung auf die Spur zu kommen.

Was tun, wenn die Veränderung nicht klappt?

Ob im Sport, beim Kochen, beim Erlernen einer neuen Sprache – wenn man etwas Neues ausprobiert, gelingt das nicht sofort reibungslos. So ist es auch in Beziehungen: Wenn Sie Ihrem Partner mit neuen Ideen kommen, reagiert der sehr wahrscheinlich nicht unbedingt sofort positiv und begeistert. Das ist ganz natürlich! Am besten rechnen Sie deshalb von Anfang an damit, dass Sie immer wieder Stolpersteine auf Ihrem Weg finden werden. Die Kunst auf dem Weg der Veränderung ist, sich nicht entmutigen zu lassen und weiterzugehen. Sie dürfen stolpern und Fehler machen – denn Menschen machen nun mal Fehler und das ist völlig in Ordnung. Was nicht in Ordnung ist: so zu tun, als würde man keine machen.

Veränderung ist ein lebenslanger Prozess. Es wird Rückschläge geben. Doch jede Situation, die Sie durchstehen, in der Sie es ein bisschen besser schaffen, zumindest nicht „fliehen" müssen, macht etwas mit Ihrem Selbstwertgefühl. Deshalb begeben Sie sich auch bewusst in Konflikte, die nötig sind. Viele Menschen wollen Konflikte, um jeden Preis vermeiden oder unbedingt schnell beenden. Deshalb setzen sie die unterschiedlichsten Strategien ein, sobald die kleinste Unstimmigkeit oder Diskussion droht. In jedem Fall reagieren sie unangemessen: Manche ziehen sich in sich selbst zurück und geben ganz schnell nach. Andere werden laut und versuchen so, Herr über den Konflikt zu werden und den anderen einfach „in die Flucht zu schlagen". All das bringt nichts. Zumindest bringt es uns einer Lösung keinen Schritt näher. Es sorgt lediglich dafür, dass der Konflikt für den Moment unter den Teppich gekehrt wird und dort weiter existiert – in der Regel mehr als das: er wächst.

Deshalb denke ich, dass ein angemessenes Verhalten wichtig ist. Denn ich sehe das Ziel nicht darin, Konflikte zu vermeiden, weil das gar nicht geht! Sondern darin, mit ihnen gut umzugehen.

IDEEN FÜR DIE PRAXIS:
So halten Sie Konflikte aus

Wichtig ist also, dass Sie selbst wissen, was Sie wollen – und dafür einstehen. Gleichzeitig sollten Sie im Sinn behalten, dass Sie ein Ziel gemeinsam *mit* Ihrem Partner erreichen möchten – nicht gegen ihn. Wenn Sie so kommunizieren, werden Sie sicher verstanden. Weitere Tipps, die Ihnen in Konflikt- und Streitsituationen helfen können, finden Sie ab Seite 73.

Bleiben Sie achtsam

Der einzige Weg dazu, angemessen zu reagieren, ist meiner Meinung nach Achtsamkeit. Halten Sie immer wieder für sich selbst inne und fragen Sie sich selbst: was läuft hier gerade? Warum werde ich jetzt laut? Warum fühle ich mich angegriffen – oder nicht gesehen? Hat der andere etwas gesagt oder getan, was mich verletzt hat, und ich reagiere deshalb unangemessen? Was hat das mit mir zu tun? Tief durchatmen und dann nochmal versuchen!

Holen Sie sich Feedback

Hilfreich ist es auch, sich zu seinem Streitverhalten ab und an ein Feedback bei guten Freunden zu holen. Wie findet Ihre beste Freundin es, mit Innen zu streiten? Welche Qualitäten haben Sie dabei? Und wo können Sie noch etwas verändern?

Üben Sie überall

Auch Streiten und das Aushalten von Konflikten kann man üben. Fangen Sie ruhig mit Situationen und bei Menschen an, bei denen Sie weniger emotional involviert sind: Ihr Chef will immer dann gerade noch etwas ganz Wichtiges, wenn Sie bereits am Gehen sind? Das ist eine Situation, in der man üben kann, Grenzen zu setzen und bei sich zu bleiben.

Prioritäten setzen

Fragen Sie sich in einer Konfliktsituation ruhig auch immer wieder, was Sie wollen: Geht es Ihnen wirklich noch um die Sache – oder um einen Machtkampf? Geht es vielleicht um etwas ganz anderes, was Sie nicht aussprechen möchten? Was ist der tatsächliche Kern Ihrer Aussage?

Finden Sie eigene Strategien

Wenn Sie merken, dass Sie sich während eines Streits klein fühlen, angegriffen und minderwertig, dann suchen Sie sich ruhig eigene Strategien, die Ihnen Kraft geben, in der Situation selbstbewusst zu bleiben. Stellen Sie sich zum Beispiel vor, dass Sie auf einer Bühne stehen, eine Krone oder einen Hut tragen. Einige meiner Klienten haben auch ein Krafttier, das sie sich in solchen Situationen an ihrer Seite vorstellen. Was immer Ihnen hilft, nutzen Sie Ihre Fantasie!

Hören Sie dem anderen zu

Machen Sie keine Vorwürfe (siehe auch die VW-Regel ab Seite 56). Geben Sie sich bewusst die Gelegenheit, sich anzuhören, was der andere zu sagen hat, seine Gedanken zu erfahren und seine Bedürfnisse, ohne sie zu bewerten. Denn sie sind nicht mehr oder weniger wert als Ihre eigenen.

Werden Sie stark

Unternehmungen allein sind immer gut, um das Selbstwertgefühl zu stärken. Das wirkt sich auch in Konflikten aus, denn je selbstbewusster Sie sind, umso einfacher können Sie bei sich bleiben. So gelingt es Ihnen, sich nicht aus dem Konzept bringen zu lassen durch eine provokante oder aggressive Reaktion Ihres Partners – die möglicherweise kommt, weil er einfach Angst vor der Veränderung hat, die auf ihn zukommt und die er nicht einschätzen kann.

Bewahren Sie Haltung

Sehr hilfreich ist übrigens oft auch, wenn man auf seine Haltung achtet: Die gesamte Energie fließt besser, wenn man keine Körperteile überkreuzt. Ich nehme inzwischen selbst ganz bewusst Haltung ein, wenn ich anfange mich unwohl zu fühlen. Ich lehne mich innerlich wie äußerlich zurück – und werde dadurch wieder offener und sicherer.

Kapitel 4

Auf dem Weg zu einem neuen Miteinander

Sie sind schon seit einiger Zeit ein Paar? Vielleicht haben Sie dann schon festgestellt, dass es gar nicht so einfach ist, in Kommunikation zu bleiben. Möglicherweise stellen Sie fest, dass mit der Zeit die Sprachlosigkeit bei Ihnen eingezogen ist? Sie finden in diesem und den folgenden Kapiteln reichlich Tipps und Anregungen für eine erfolgreiche Kommunikation – und heißes Bettgeflüster.

Wir haben einander verloren – oder nicht?

MEINE KLIENTEN
Richard (43) und Manuela (41), seit 9 Jahren ein Paar, zwei Kinder (4, 7)

WARUM SIE BEI MIR SIND: *Sie hatte einen Seitensprung, er fühlt sich mitverantwortlich. Denn beiden ist insgeheim klar: Sie leben seit Jahren nur neben- statt miteinander.*

Zu Beginn des ersten Kapitels (Seite 12) habe ich Ihnen Richard und Manuela vorgestellt. In der dort beschriebenen Situation kamen beide in die Paartherapie, weil Manuela einen Seitensprung gehabt hatte. Richard und Manuela hatten vorher nahezu nicht miteinander kommuniziert, sodass keiner wusste, was den anderen beschäftigte. Aufgerüttelt durch den Seitensprung gingen sie zur Therapie und schnell wurde klar, dass beide einige Fehler gemacht hatten – vor allem hatten sie Probleme mit ihrer Kommunikation.

Manuelas Vorwurf: „Du kommst nicht in die Puschen, bist zu wenig aktiv. Du bist kein richtiger Mann und begehrst mich nicht!"

Richard sagt über sie: „Manuela ist offensichtlich ziemlich unglücklich in unserer Beziehung. Dabei unterstütze ich sie im Familienleben, bin gern mit den Kindern zusammen und hatte bisher geglaubt, dass sie gern arbeiten geht."

Auf Nachfragen wurde jedoch klar: Die Unzufriedenheit in Sachen Sexualität war schon lange vorhanden, das bestätigten beide. Auch wenn sie darüber praktisch nie miteinander gesprochen haben. Beide können auch nicht genau begründen, warum.

Es war wohl schlicht und ergreifend so, dass der Alltag sie eingeholt hatte, mit seinen tausend kleinen Verpflichtungen.

Das kennen viele Paare: Die Sprachlosigkeit schleicht sich mit der Zeit in manch scheinbar harmonische Beziehung. Langsam wird dann aus einem lebendigen Miteinander ein tristes Nebeneinander. Gefühle wie Angst, Wut und Ohnmacht kommen auf, mit der Sprachlosigkeit verlässt uns der Mut, die Offenheit bleibt auf der Strecke. Irgendwann fehlen uns in jeder Hinsicht die Worte – auch und gerade beim Sex – und wir haben nicht mehr den Mut, dem anderen offen zu sagen, zu zeigen oder ihn spüren zu lassen, was uns wirklich bewegt, was wir wollen und wünschen.

Die Folge davon ist meist Resignation. Und das ist in meinen Augen das Schlimmste, was einem Paar passieren kann, denn Resignation ist der Anfang vom Ende.

Kommen Sie wieder miteinander ins Gespräch!

Am Anfang der Beziehung haben Sie sich noch bei jeder Gelegenheit die Kleider vom Leib gerissen, konnten kaum die Finger voneinander lassen … doch heute ist das nur noch eine

Erinnerung? Im Alltag der Partnerschaft angekommen, ist aus dem Feuer der Leidenschaft ein glimmendes Häuflein Asche geworden? Dass diese Lust aufeinander im Laufe der Zeit etwas nachlässt, ist zunächst nicht weiter besorgniserregend, sondern ein Stück weit normal.

Ich finde aber vor allem wichtig, dass man sich bewusst macht: Beziehung ist Engagement. Nur wer dranbleibt, wird glücklich bleiben. Vielen Menschen ist das überhaupt nicht bewusst – sie halten Verliebtheit schon für Liebe. Verliebtheit aber ist ein Gefühl, für das man nichts tun muss, es kommt einfach so. Verliebt zu sein ist ein Ausnahmezustand, der wieder abflaut. Das muss er auch, denn kein Mensch würde ihn durchhalten. Und an diesem Punkt entscheidet sich, ob aus Verliebtheit Liebe wird – oder ob die Beziehung vorbei ist, bevor sie richtig begonnen hat. Aber dafür, dass wirkliche Liebe entsteht und dass sie bestehen bleibt, muss etwas getan werden.

Man muss aktiv werden, miteinander in Kontakt bleiben. Man muss die Angst in Kauf nehmen und akzeptieren, den anderen gegebenenfalls durch seine Offenheit zu verletzen. Wenn das Vertrauen wächst, muss sich die Leidenschaft nicht automatisch verabschieden. Das ist es, was man unter Beziehungsarbeit versteht. Durch diese „ gemeinsame Arbeit“ entwickelt sich etwas, wächst eine neue Art der Intimität und Liebe. Liebe ist also eine Fähigkeit und kein Gefühl.[7]

Ich bin immer wieder erstaunt oder vielmehr entsetzt, wie viele Paare sich überhaupt nicht auf der geistigen oder seelischen Ebene begegnen, sondern rein körperlichen Sex haben. Menschen, die stundenlang Sex haben, aber keinerlei Intimität im Sinne von echter Nähe, tiefer Berührung erleben. Im Grunde körperlich vereint sind, aber ohne dabei ihr Herz zu öffnen – das kann einfach nicht dauerhaft für echte Zufriedenheit sorgen und es verwundert kaum, dass Leere entsteht. Meiner Meinung nach führt Sex auf rein körperlicher Ebene immer zu Monotonie – und zwar mit jedem Partner. Um das zu verhindern, müssen wir einander auf einer viel tieferen Ebene begegnen (siehe auch Seite 132).

Was ist eine gute Beziehung?

Eine universelle Antwort auf diese Frage zu geben ist schier unmöglich, weil jeder Mensch Liebe, Partnerschaft und Beziehung anders definiert.

Man kann aber zumindest sagen, dass eine Partnerschaft die optimalen Voraussetzungen für *eine individuelle Weiterentwicklung* bietet: Wer mit einem anderen Menschen „Tisch und Bett" teilt, der muss sich an gewisse Regeln und Absprachen halten. Er wird mit Themen und Gefühlen konfrontiert, mit denen er sich ohne Partner kaum auseinandersetzen müsste. Um diese gemeinsam zu erarbeiten, bedarf es einiger Kompromisse. Und hierbei spreche ich von echten Kompromissen und nicht von „faulen". Echte Kompromisse sind diejenigen, die man trägt und nicht *er*trägt. Das meist krampfhafte Erhalten einer Scheinharmonie halte ich dagegen nicht für hilfreich. Nur durch echte Auseinandersetzung und den Austausch mit anderen Menschen wird Reflexion möglich, nur so kann überhaupt erst Weiterentwicklung in Gang gesetzt werden.

Befriedigende Sexualität gehört für die meisten Menschen zu einer Partnerschaft dazu. Auf jedem Fall stellt Sexualität eine unserer größten Energiequellen dar und hilft uns, unsere Weiblichkeit und Männlichkeit auf intensivste Weise zu spüren und uns dadurch lebendig zu fühlen. Aber nicht alle Menschen sehen das so. Wenn beide Partner wirklich mit wenig Sex zufrieden sind, kann das passen. Problematisch wird es jedoch, wenn einer Sexualität leben will und der andere nicht (siehe auch ab Seite 58). Wenn beide alles versucht haben, das zu verändern oder sich so zu arrangieren, dass dennoch beide Partner zufrieden leben können, muss man auch über mögliche Konsequenzen sprechen. Am einfachsten ist es natürlich, wenn das Paar sich einig ist, dass es Sex miteinander will – und bereit ist, daran zu arbeiten, dass der Sex gut ist und immer besser wird.

Man muss etwas tun, um die Beziehung lebendig zu erhalten. Denn Alltagsstress und Alltagssorgen, die Kinder, der Beruf, die gesellschaftlichen Verpflichtungen – all das ist ziemlich unsexy. Den Partner dennoch immer wieder als erotisches Wesen wahrzunehmen, dafür müssen wir uns bewusst entscheiden und wirklich etwas dafür tun. Es sind unsere eigenen Gedanken – und die sind veränderbar. Es ist eine *Entscheidung*, ob man sich der Routine ergibt, alles einfach so laufen lässt oder ob man sich entschließt, etwas zu verändern.

Schaffen Sie sich Raum für Ihre Liebe

Die meisten Paare klagen darüber, dass der Alltag ihre Beziehung regelrecht auffrisst. Aber können wir wirklich nichts dagegen tun?

Die Aussagen „wir haben keine Zeit" oder „die Kinder…" höre ich natürlich oft in meiner Praxis. Wissen Sie, was ich dann tue? Ich habe dort einen runden Tisch, auf den zeige ich und sage: „Stellen Sie sich vor, das ist Ihre Energie, Ihre Zeit, das was Sie zur Verfügung haben. Jeder Tag hat 24 Stunden – für jeden Menschen. Und jeder hat seine Energiereserve. Wofür investieren Sie Ihre Energie? Wie viel von diesem Vorrat geben Sie hin dafür, eine perfekte Hausfrau, eine tolle Mutter, ein erfolgreicher Manager oder Unternehmer, ein engagierter Vater zu sein? Eine blitzende Küche zu haben und ausgefallen zu kochen? Adrett auszusehen und stets alle Sachen gut gebügelt zu haben?

STELLEN SIE SICH EINE FRAGE …

Wie wichtig ist Ihnen Ihre Beziehung wirklich?

„Wir haben keine Zeit" ist eine Ausrede. Meiner Meinung nach ist es immer eine Frage der Priorität, wofür man sich Zeit nimmt. Und es ist außerdem wichtig, dass man begreift, dass man nicht alles perfekt tun kann und muss. Niemand kann das.

ÜBUNG: Teilen Sie Ihre Reserven auf

Am besten klappt das vielleicht tatsächlich angesichts eines runden Tischs, eines Kuchens oder indem Sie sich einfach einen Kreis auf Papier malen.

- Jetzt schreiben Sie alle Lebensbereiche auf, für die Sie Energie und Zeit benötigen: Beruf, Haushalt, Schlafen. Vergessen Sie auch nicht die ganz alltäglichen Sachen wie Essen, Duschen, Haarewaschen, Wege von A nach B – und natürlich Zeit für Freunde, Kinder, Hobbys, Sport, ach ja: und Ihre Beziehung.
- Nun versuchen Sie, Ihren Kuchen oder Kreis aufzuteilen: Wer bekommt welches Stück?
- War es schwierig, den Kuchen aufzuteilen? Vielleicht sind Sie dabei ins Grübeln gekommen, ob Ihre Verteilung tatsächlich dem entspricht, was Ihnen wichtig ist? Dann ist es Zeit, etwas umzusortieren …

IDEEN FÜR DIE PRAXIS: Schaffen Sie sich Raum zu zweit

Einen Raum für die Liebe zu schaffen wäre also schon ein erster Schritt aufeinander zu. Diese Extra-Zeit sollte frei von Druck und Zwang existieren können. Manche Paare verabreden einen Jour fixe pro Woche, der nur ihnen allein gehört. In diesen Stunden gelten besondere „Spielregeln", die allesamt dazu dienen, dass dieses Extra nicht immer wieder dem Alltag geopfert wird. Denn dieser Raum für Liebe sollte vor allem eins sein – stress-befreit.

Ob Sie es glauben oder nicht: Ein Paar, das ich kenne, trifft sich seit über 20 Jahren einmal pro Monat in einem Café und beide tun so, als wenn sie sich gerade erst kennenlernen würden. Mit diesem Beziehungsritual haben sie die Herausforderungen mit drei Kindern, aber auch Todesfälle, Jobumbrüche und Krisen sonstiger Art gemeinsam gemeistert.

Sex nach Terminkalender
Das ist kein Witz, sondern lustvoller Ernst: Zärtlichkeit zu planen ist überhaupt nicht unsexy – es hilft! Denn damit haben Sie eine feste Verabredung, die Sie genauso ernst nehmen sollten wie andere Termine. Außerdem schwebt so schon Vorfreude in der Luft, die garantiert für mehr Lust sorgt. Falls nicht: Oft kommt der Appetit erst beim Essen. Versuchen Sie, sich darauf einzulassen und die Berührungen zu genießen, anstatt mit dem Kopf gegen die schönen Empfindungen anzugehen (und zu denken: „Ich hab noch dies oder jenes zu erledigen" …). Einfach fühlen, statt die störenden Gedanken zuzulassen.

Manche Paare schaffen es nicht, sich solche Inseln zu Hause im Alltag zu erschaffen. Sie können nur dann wirklich frei sein, wenn sie einen Ortswechsel bewusst planen – also beispielsweise eine gemeinsame Nacht im Hotel, die nur ihnen allein gehört. Sollte es Ihnen so gehen, ist es wichtig, dass Sie das nicht nur planen – sondern auch in die Tat umsetzen. Und zwar nicht nur einmal im Jahr, sondern durchaus häufiger.

Verlieben Sie sich neu

Wenn Paare zu mir kommen, die sich nichts mehr zu sagen haben und nur noch nebeneinanderher leben, frage ich oft danach, welche Träume und Erwartungen beide hatten, als sie sich kennenlernten. Welche haben sich erfüllt – und welche nicht?

Meiner Meinung nach ist es auch wichtig, sich zu fragen: Sind diese Themen für mich und für uns heute noch relevant? Oder haben wir uns weiterentwickelt – was zu wünschen wäre! – und haben heute ganz andere Ideen für eine gemeinsame Zukunft, unser Zusammenleben – und auch für unseren Sex?

Das Leben ist in ständiger Veränderung und auch alle Menschen entwickeln sich im Laufe des Lebens weiter, manche mehr und manche weniger. Es ist also absolut sinnlos, wenn wir ängstlich versuchen festzuhalten, abzusichern, kurz: stehenzubleiben.

» *Sie haben nur eine Chance auf eine lebendige Beziehung: nämlich sich miteinander zu entwickeln.*

Werfen wir doch einmal einen Blick auf die typische Entwicklung einer Beziehung. Oft stehen Partner zu Beginn ihrer Beziehung in engem Kontakt, sie tauschen sich aus, sind neugierig auf den anderen – alles ist neu und aufregend. Allein deshalb klappt die Verständigungsebene in dieser Phase oft reibungslos. Hinzu kommt außerdem, dass die Sexualität anfangs vor allem über die Lustebene läuft (siehe ab Seite 55) – die Kommunikationsebene ist hier noch weniger wichtig. Wir leben von Illusionen beseelt und können gar nicht genug vom anderen bekommen!

Wichtig ist, dass beide Partner jetzt schon beginnen, ihre Kommunikation miteinander zu entwickeln. Denn sonst stagniert die Beziehung irgendwann, einschließlich der Sexualität. Jeder für sich entwickelt sich aber weiter. Ohne Kommunikation findet kein Austausch miteinander statt, keine Synchronisation. Die Beziehung kann also nicht mit beiden „mitwachsen".

Natürlich ist in einer langjährigen Partnerschaft nicht immer alles überraschend und neu. Doch wenn die Flaute im Bett zum Dauerzustand wird, sollten Sie sie handeln. Denn mit jedem Tag, den Sie weiter voneinander wegdriften, wird es schwieriger, die Kluft zwischeneinander zu überwinden.

ZUM AUSPROBIEREN

Tun Sie, als hätten Sie eine Affäre miteinander!

Stellen Sie sich vor, Sie sind die heimliche Geliebte Ihres Mannes – oder der Liebhaber Ihrer Frau! Planen Sie – mit dieser Vorstellung im Kopf – ein gemeinsames heimliches Wochenende in einem romantischen Hotel, in einer spannenden Großstadt … Reisen Sie getrennt an und tun Sie all die verrückten Sachen, die verliebte Pärchen so tun …

IDEEN FÜR DIE PRAXIS:
Lernen Sie, Vorhandenes zu wertzuschätzen

Sie haben sich in Ihren Partner verliebt und Sie sind schon eine Zeitlang mit ihm zusammen. Womöglich haben Sie aber schon aus den Augen verloren, was Sie an ihm besonders schätzen und lieben? Hören Sie nicht auf, die guten Seiten an Ihrem Partner und an Ihrer Beziehung wahrnehmen!

Der „ideale" Partner

Schreiben Sie eine Liste mit den Eigenschaften und Attributen, die Ihr idealer Partner haben sollte.[8] Diese Auflistung kann beliebig lang sein. Dann checken Sie, wie viele Punkte Ihr aktueller Partner erfüllt. Damit sind Sie in der Realität angekommen. Und nun schauen Sie sich noch einmal alle die Punkte genauer an, die er nicht erfüllt: Sind die wirklich wichtig? Oder wiegen seine anderen positiven Eigenschaften die fehlenden „Listenpunkte" sogar auf?

Machen Sie den Partnercheck!

Mit ein bisschen Mut fordern Sie Ihren Partner auf, ebenfalls solch eine Liste anzufertigen. Wo gibt es Übereinstimmungen? Wo liegt die Gegensätzlichkeit? Interessant ist natürlich die Frage: Wie wichtig ist beiden Partnern der Sex?

Erinnern Sie sich ...

Rufen Sie sich einmal besondere Momente Ihrer Beziehung ins Gedächtnis: Was mögen Sie ganz besonders an Ihrem Partner? Was schätzen Sie an ihm? Wofür bewundern Sie ihn? Sagen Sie Ihrem Partner das ruhig auch hin und wieder.

Entdecken Sie das Schöne im Alltag

Ihr Partner kocht sonntags immer den Frühstückskaffee? Er geht abends nochmal in den Garten, um rasch zu gießen? Nehmen Sie die kleinen Gesten wahr – und bedanken Sie sich immer wieder für das, was Ihr Zusammenleben schön macht.

Finden Sie eine Balance zwischen Entwicklung und Ritualen

Ich habe selbst Familie – ich weiß, dass Menschen den Alltag brauchen. Denn der Alltag, der uns manchmal aufzufressen droht, gibt den Tagen eine Struktur. Aus der gemeinsamen Bewältigung der Normalität erwachsen auch Vertrauen und das Gefühl der Zusammengehörigkeit. Vor allem bewusste Rituale haben etwas Schönes. Und jedes Paar hat seine Beziehungsrituale: einander abends vom Tag zu erzählen, auf dem Sofa in Jogginghose mit Tiefkühlpizza den „Tatort" zu schauen, sonntags gemeinsam zu frühstücken – all das sind wiederkehrende, verbindende Rituale. Wichtig ist die Balance zwischen Vertrautem und Aufregendem – also auch, dass man nicht jeden Abend auf dem Sofa sitzt, nicht jeden Tag die Jogginghose trägt, nicht täglich Tiefkühlpizza isst.

Streit und Probleme vs. Begehren und Leidenschaft

Früher oder später ist es in jeder Beziehung so weit: Mit dem Alltag ziehen auch Konflikte ein. Gibt es zwischen Partnern Probleme und Streit, kann das die Lust auf Sex im Keim ersticken. Vor allem Frauen fällt es schwer, Konflikte aus dem Kopf zu verbannen und sich nach einer Auseinandersetzung beim Sex noch fallen zu lassen. Zwar behauptet man gern, der Versöhnungssex nach einem Streit sei besonders geil, doch das gilt – leider – nicht immer und pauschal. Die Wut, das Unverständnis oder die Enttäuschung, die insbesondere Frauen ihrem Partner gegenüber dann empfinden, sorgen manchmal auch für eine emotionale Blockade. Von dieser Blockade bis zur Instrumentalisierung des Sex ist es dann manchmal nur ein kleiner Schritt. Wenn Lust auf Sex zum Druckmittel oder Belohnungssystem wird, haben beide keinen Spaß mehr daran.

Dabei sind die Auslöser oft so winzig klein und unbedeutend: Er kommt unverschuldet viel zu spät von der Arbeit – sie hat schon mit einem besonderen Überraschungsessen auf ihn gewartet. Weil er nicht wusste, was sie für ihn geplant hat, zeigt er sich eher verwundert statt freudig überrascht. Ein Wort gibt das andere und binnen Minuten stehen allzu viele Vorwürfe im Raum, die gar nichts mehr mit der aktuellen Situation zu tun haben. Die Erwartungshaltung zieht eine Enttäuschung nach sich und im Handumdrehen landen wir von der Gegenwart in der Vergangenheit und bei einem unangemessenen Rundumschlag.

Er versucht sie nun zu besänftigen, zieht sie zärtlich an sich heran – doch sie blockt ab. „Das, was er da will, kriegt er nicht", denkt sie und drückt selbst das kleinste Begehren radikal weg. Erst, wenn der Streit für sie endgültig aus der Welt ist, kann sie sich auch wieder körperlich dem Partner annähern. Und das kann manchmal ziemlich lange dauern …

IDEEN FÜR DIE PRAXIS: Konflikte lösen

Brechen Sie das Schweigen

Sprechen Sie die Sorgen in der Partnerschaft möglichst direkt an, dann beugen Sie auch vor, dass der andere sich scheinbar grundlos zurückgewiesen fühlt.

Ich finde es dabei besonders wichtig, dass man seine eigene Befindlichkeit zunächst wahrnimmt und sich dann auch ausdrückt und das Thema bei dem platziert, zu dem es auch gehört. Ein Problem anzusprechen, ist noch kein Eskalationsgrund, wie ich finde, allerdings hängt das natürlich auch vom Gegenüber ab: Manche Menschen können mit vermeintlicher Kritik gut umgehen, weil sie diese als Wachstumschance erkennen. Und andere können es gar nicht, egal wie die Kritik präsentiert wird. Ideal erscheint mir, dass man sich den Standpunkt des Gegenübers anhört, sich dann gegebenenfalls Zeit ausbittet, um darüber nachzudenken – und sich dann erst dazu äußert.

Anregung: Ausreden lassen
Lassen Sie einander immer ausreden und hören Sie zu, welche Argumente Ihr Partner zu einem Thema ins Feld führt, ohne bereits im Kopf Ihre Gegenargumente zurechtzulegen. Danach hat der andere Redezeit.

Vereinbaren Sie mit Ihrem Partner die Dauer dieser Redezeit (zum Beispiel 10 Minuten), in der nur er ohne Unterbrechung oder Einwände über seine Gefühle und Gedanken spricht. Den anderen ausreden zu lassen bedeutet, dem anderen zuhören zu müssen – und das kann zu einem besseren Verstehen führen. Dann tauschen Sie die Rollen. Damit geben Sie sich die Chance auf neue Erfahrungen, nämlich ein mindestens 20-minütiges Gespräch zu führen – und beide wirklich gehört zu werden.

Ganz ruhig …
Ich kenne Paare, die Streitvereinbarungen haben wie: „Wenn ich sage, dass ich 10 Minuten raus muss, dann weißt du, dass ich an der Grenze bin und Zeit brauche, wieder runterzukommen. Es ist nicht gegen dich gerichtet, aber ich brauche dann eine Pause."

Nach dieser Pause kann man dann versuchen, einander wirklich zu hören. Also, ran ans Gespräch, dem anderen *wirklich* zuhören, es aufnehmen, nicht gleich beurteilen oder verurteilen, das, was man verstanden hat (oder glaubt, verstanden zu haben). Wiederholen Sie ruhig auch mit Worten wie „habe ich dich richtig verstanden, dass …/als du sagtest …?". Versuchen Sie, sich innerlich zurückzulehnen, sich zu fragen „was fühle ich im Moment, was spricht mein Partner gerade bei mir (!) an?". Atmen Sie durch. Warten Sie ab, reagieren Sie angemessen.

Endlich wieder Sex!

Wenn beim Thema Sex etwas nicht passt, weichen Menschen der Eigenverantwortung besonders gern aus – wenn der andere nur die Initiative ergreifen würde, und wenn dann noch … und sowieso könnte der Partner doch öfter …

Meine Meinung ist: Ich kann nur das verlangen, was ich selbst zu geben bereit bin. Um eine gute, abwechslungsreiche und spannende Sexualität zu leben, muss man auch bereit sein in Vorleistung zu gehen – und damit vom Passiven zum Aktiven werden. Handeln Sie eigenverantwortlich, leben Sie Ihr Leben: Tun Sie etwas für das, was Sie sich wünschen. Wenn Sie wirklich wollen, gibt es jetzt keine Ausrede mehr: Ergreifen Sie die Initiative. Sofort.

Raffen Sie sich auf zum Bekenntnis: Ich will Sex!

Mein Leitspruch lautet „Wer nicht beginnt zu bewegen, wird nicht vollenden" – er gehört zu meinen Lebensphilosophien. Wenn keiner beginnt, wird sich auch nichts bewegen, das heißt, einer von beiden muss nun mal die Initiative ergreifen. Das ist wie in einer schmalen Straße, in der sich zwei Autos entgegenkommen, die aber nicht aneinander vorbei passen und dann beide stehenbleiben. Einer von beiden wird den Rückwärtsgang einlegen müssen, um die Situation aufzulösen, oder sie bleiben unbewegt stehen.

IDEEN FÜR DIE PRAXIS: Sagen Sie es deutlich

Der erste Schritt ist also, es zu wollen – und das dann kundzutun. Signalisieren Sie Ihrem Partner, dass Sie Lust auf ihn haben, und fangen Sie an. Wer wird denn nicht gern begehrt? Gehen Sie auf Ihren Partner zu. Umarmen Sie ihn, haben Sie Körperkontakt, sehen Sie ihm in die Augen ... und sprechen Sie ruhig auch, damit ganz klar wird, was Sie wollen.

Werden Sie persönlich!

Ganz gleich was Sie sagen – werden Sie persönlich: „Ich habe Lust – auf *dich*! – „*Du* bist so aufregend" – „*Dein* Blick macht mich an ..." Dir, dich, dein gibt dem anderen das Gefühl, dass er begehrt wird. Das ist immer noch das wirksamste Aphrodisiakum.

Geben Sie Auskunft

Für viele Menschen ist es schwierig, das in Worte zu fassen, was sie gerade spüren – doch das ist nötig, um sich mitzuteilen. Statt zustimmend zu schnaufen oder leise zu stöhnen, sagen Sie beim nächsten Mal in dem Moment, in dem es sich besonders schön anfühlt, was genau Ihnen gefällt. Der erste Schritt ist auch hier der schwerste – aber er lohnt sich!

Sparen Sie nicht mit Lob

Sagen Sie deutlich, wenn Ihnen etwas gefällt. Ihre Worte wirken wie positive Impulse auf Ihre Handlungen! Ab und an ein Kommentar à la „Du bist so sexy" oder „Das gefällt mir!" lässt Sie beide das, was Sie gerade tun, umso intensiver wahrnehmen, wenn Sie es wirklich so empfinden und es von Herzen kommt.

Weniger Konjunktiv!

Möchte, würde, könnte – viel zu viel Konjunktiv und deutlich zu wenig Überzeugung – und was ist schließlich schöner als ein drängendes Versprechen, das auf seine Einlösung wartet? „Ich muss mit dir schlafen!" oder „Ich will dich lecken": Die Wörter „muss" und „will" wirken erregender und vor allem selbstbestimmter als ein handzahmes „Ich würde gern mal wieder mit dir schlafen".

Mehr Imperativ!

„Fordern statt zu fragen" lautet die Devise. Schlaf mit mir. Fessele mich. Die erotische Kraft des Imperativs liegt in der Lust, die Sie mit Ihren Kommandos vermitteln! Er oder sie reagiert prompt und ohne großes Nachdenken. Die Frage „Würdest du auch mal wieder mit mir schlafen wollen?" hingegen nimmt erst mal den Umweg über den Verstand.

Rauf und runter …

Sprechen Sie beim Sex (manchmal)! Ein wunderbares Vorspiel ist es, sich verbal am Körper des Partners auf und ab zu „sprechen". Machen Sie jedem Körperteil Komplimente und flüstern Sie, was Sie gern alles damit anstellen würden.

IDEEN FÜR DIE PRAXIS: Finden Sie Worte

Was sagen wir denn, wenn wir Sex haben wollen? „Ich will mit dir schlafen!" Na super! Wenn man das genauer betrachtet, ist das doch ziemlich lahm. Unsere Sprache für die schönste Sache der Welt ist begrenzt: Ficken, bumsen, vögeln ... das klingt ja auch alles nicht besonders sensibel, zärtlich, prickelnd – oder?

Finden Sie ein eigenes Vokabular

Gerade Paare, die schon eine Zeit lang zusammen sind, können eine gemeinsame Sprache entwickeln – auch was den Sex angeht. Probieren Sie sich aus, seien Sie leichtsinnig und kreativ: Mumu, Mimi, Muschmusch, Yoni, Schatzkästchen, Perle, Lustschloss, Eigenheim, Swimmingpool („wollen wir eine Runde schwimmen?") ... was immer Ihnen beiden gefällt, ist erlaubt! Gehen Sie zum Schneckeln oder Spielen (klingt doch schön: „Wollen wir ein bisschen spielen?") oder sagen Sie Ihrem Partner, dass Sie jetzt Lust haben, einander zu erforschen, sich miteinander zu beschäftigen ...

Erweitern Sie Ihre Fremdsprachenkenntnisse

Bei manchen Menschen taucht ein inneres Stopp-Schild auf, wenn sie den Kopf fragen. Da ist so etwas wie eine anerzogene „Sperre", die dafür sorgt, dass ihnen gewisse Worte einfach nicht so leicht über die Lippen kommen. Manchmal soll der Umweg über eine Fremdsprache helfen, Voulez vous ...?

Träumen Sie gemeinsam

Erzählen Sie Ihrem Partner einen (wenn es sein muss auch ausgedachten) erotischen Traum mit ihm in der Hauptrolle. So erschaffen Sie Bilderwelten! Und die Fantasie dichtet den Rest dazu.

Sagen Sie: „Ich will ...!"

Diese Anregung können Sie ausprobieren, wenn einer von beiden unterwegs ist. Rufen Sie an und beichten Sie Ihrem Partner en Detail, was Sie sich von ihm wünschen würden, wäre er doch nur endlich bei Ihnen: „Ich will, dass du mich langsam ausziehst ... mir in die Stilettos/aus dem Anzug hilfst und mir die Augen verbindest. Und dann ..." Sie müssen keine schmutzigen Wörter benutzen – beschreiben Sie nur ganz genau, was Sie vor Ihrem inneren Auge sehen.

Nutzen Sie die Wort-Ampel

Reden Sie darüber, wie Sie über Sex sprechen wollen – vielleicht mit dem Rot-Grün-Spiel. Der eine beginnt mit einem sexuellen Begriff (vögeln, miteinander schlafen, ficken), der andere sagt „Rot" für „bloß nicht!" oder „Grün" für „ja, gefällt mir". „Gelb" bedeutet: das kann, muss aber nicht sein.

Per Wort-Ampel lässt sich sogar klären, welche Praktiken Sie testen wollen: Augenverbinden? Grün. Analverkehr? Rot. Es im Fahrstuhl tun? Och ... Gelb. Dabei schmutzige Wörter sagen? Grün, grün, grüüüün ...

IDEEN FÜR DIE PRAXIS: Kommen Sie einander nahe

Worte sind gut, Taten oft noch besser: Wenn Sie Ihr Sexleben wieder in Bewegung bringen wollen, lassen Sie ruhig auch Ihren Körper sprechen! So etwa...

Bewusst berühren

Falls Sie abends beim Fernsehen oder Lesen oft gar nicht nebeneinander sitzen, sondern weit voneinander entfernt, ist der erste Schritt, sich wörtlich wieder nahe zu kommen: Nehmen Sie neben Ihrem Liebsten Platz! Wenn Sie dann auf dem Sofa sitzen, streichen Sie ruhig über die Hand oder den Arm Ihres Partners.

Kleine Rituale intensivieren

Ob Abschiedskuss am Morgen, Begrüßungskuss zu Hause am Abend, Gutenachtkuss später dann: das sollte nicht einfach nur noch ein winziges Küsschen husch, husch auf die Wange sein! Sehen Sie dem anderen in die Augen, wenn er nach Hause kommt, wenigstens kurz. Lassen Sie die Umarmung ein wenig länger und intensiver sein. Küssen Sie einander auf den Mund.

Verbindung im Gespräch

Es ist ein bedeutender Unterschied, ob man mit dem Partner spricht, ihn kaum mal ansieht und lediglich hin und wieder „ja, ja", „aha", „mmhh …" sagt – oder ob man ihm in die Augen sieht, vielleicht seine Hand ergreift und sie küsst. Vielleicht stehen Sie auch zwischendurch mal auf und gehen zu ihm, umarmen ihn, weil er vielleicht etwas Schönes oder Interessantes gesagt hat – oder eben einfach nur so.

Wertschätzen Sie am anderen das Anderssein

Er interessiert sich brennend für alles, was mit Autos zu tun hat? Sie liebt diese bestimmte Frauenzeitschrift? Zeigen Sie dem anderen, dass Sie an ihn denken, bringen Sie öfter mal eine Kleinigkeit mit, die nur für ihn allein ist, mit seinen Interessen zu tun hat: Stellen Sie ihm seine Lieblings-Knabbereien hin, bieten Sie ihr eine entspannende Massage, überraschen Sie ihn mit einem Essen, das er besonders gern mag … Lassen Sie Ihrer Fantasie freien Lauf und gehen Sie immer wieder positiv aufeinander zu.

Noch mehr Ideen …

Wenn Sie jetzt Lust aufs Weiterprobieren bekommen haben, finden Sie ab Seite 126 noch viele weitere Ideen, mit denen Sie Ihre Beziehung spannend halten. Viel Freude beim lustvollen Kommunizieren im Bett oder wo immer Sie lieben wollen …

Kapitel 5
Aus zwei wird drei … vom Paar zur Familie

Viele Paare möchten über kurz oder lang ein Kind oder mehrere. Auch wenn es weiterhin immer komplexer wird, Familie, Beruf, Partnerschaft und die eigene Entwicklung zu leben. Denn wenn aus einem Paar eine Familie wird, ändert sich unglaublich viel!

Wie schaffen wir den Sprung vom Paar zur Familie?

MEINE KLIENTEN
Natalie (38) und Florian (36), eine Tochter (18 Monate alt)

WARUM SIE BEI MIR SIND: *Die Beziehung steht kurz vorm Aus. Florian sucht einen Ausweg aus der Situation …*

Florian kommt zuerst allein zu den Sitzungen. „Meine Partnerin sagt, ich müsse mich entwickeln, sonst wird sie sich trennen."

Florian und Natalie sind junge Eltern. Seit ihre kleine Tochter auf der Welt ist, gibt es immer häufiger Streit. Dabei ist die kleine Anna ein absolutes Wunschkind! Florian versucht sein Bestes und versteht die Welt nicht mehr. In letzter Zeit will Natalie nicht mal mehr Sex mit ihm. Er ist ratlos: Was ist nur passiert?

In der zweiten Sitzung kommt auch Natalie mit und wir lassen zuerst einmal die Zeit der Schwangerschaft Revue passieren. Natalie erzählt über den Beginn der Schwangerschaft: „Gemeinsam saßen wir am Esstisch und starrten den Schwangerschaftstest an. Die Spannung war fast unerträglich, wir beide haben uns so sehr ein Kind gewünscht. Sollte es endlich geklappt haben? Als sich das Testfeld veränderte, konnten wir es kaum glauben: Endlich schwanger! Ich wartete auf die große Euphorie, aber die wollte sich nicht einstellen. Florian war reizend bemüht – und ich war genervt. Die meiste Zeit plagten mich Schwangerschaftsbeschwerden. Mir war übel, ich war ständig müde, alles nervte mich … Sicher, es gab auch schöne Momente. Aber die „anderen Umstände" machten mir insgesamt ganz schön zu schaffen. Aus dem sanft gewölbten Bäuchlein wurde im Laufe der Zeit … ein riesiger Ballon. Verzweifelt machte ich mich auf die Suche nach tragbarer Umstandsmode. Doch ein wirklich tolles Körpergefühl wollte sich bei mir nicht einstellen. Ich fühlte mich während meiner Schwangerschaft eigentlich vor allem unbeholfen und unattraktiv.

Wir freuten uns aber dennoch gemeinsam auf das Kind, genossen auch die letzten Monate zu zweit sehr bewusst. Nur Sex fand kaum noch statt. Ich fühlte mich wie gesagt eher wie ein Walross als wie eine attraktive Frau. Und Florians Begehren schien ebenfalls sehr deutlich nachzulassen. Irgendwann erzählte er mir mal, dass es ihn verunsicherte, dass jetzt plötzlich immer noch ein kleines Wesen „mit dabei" war und er vor allem Angst hatte, irgendetwas falsch zu machen. Jedenfalls begann sich unsere Beziehung in dieser Zeit schon zu verändern, aber Florian schien das gar nicht so richtig zu merken."

Und angesprochen hat Natalie es offenbar ja auch nicht!

Mit der Schwangerschaft und der Geburt eines Kindes wird das bis dahin gelebte Leben eines Paares auf den Kopf gestellt: Angefangen von den körperlichen Aspekten während der Schwangerschaft und danach, über die Umstellung, die das Leben mit einem Baby mit sich bringt, bis hin zur Aufgaben- und Rollenverteilung, die oft genug spätestens nach der Geburt des ersten Kindes über den Haufen geworfen wird – in dieser Zeit gibt es viele Herausforderungen für die Beziehung. Hier einige Ideen und Tipps, wie Sie erfolgreich damit umgehen.

Ich will ein Kind – willst du das auch?

Ich möchte in diesem Buch nicht ausführlich auf die Situation eingehen, die bereits ein Kinderwunsch auslösen kann – einfach, weil es den Rahmen dieses Buches bei Weitem sprengen würde. Wenn die Fortpflanzung innerhalb der sexuellen Beziehung eines Paares stark in den Mittelpunkt rückt, kann das eine ganz natürliche Phase sein – etwa, wenn beide sich ein Kind wünschen, nicht mehr verhüten und innerhalb einiger Monate oder binnen ein, zwei Jahren eine Schwangerschaft eintritt.

In anderen Fällen können Beziehungen und vor allem die Sexualität eines Paars durch einen längere Zeit unerfüllten Kinderwunsch sehr stark belastet werden, weil sich möglicherweise über Jahre hinweg alles nur noch um den Kinderwunsch, die damit vorhandenen Behandlungen und die vielen emotionalen Achterbahnfahrten beider Partner dreht. Und nicht zuletzt kann der Kinderwunsch – wenn ihn beispielsweise nur einer von beiden hat – im schlimmsten Fall zu einer Trennung führen.

Ich kann und will also hier nicht näher darauf eingehen. Nur so viel aus meiner Erfahrung: Spätestens im Alter zwischen 35 und 40 stellt sich vielen Frauen die Frage, ob sie ein Kind haben wollen oder nicht. Beantwortet eine Frau die Frage für sich mit „ja", so gilt es, den Partner mit ins Boot zu holen.

Die Geschichte beginnt in dem Moment kompliziert zu werden, wenn ein Paar sich Kinder wünscht, es aber nicht so klappt, wie man es sich vorstellt. Denn die Natur oder das Schicksal haben eben manchmal ihren eigenen Plan – und da wir Frauen heute alles im Griff haben und glauben, alles kontrollieren zu können, fällt es uns schwer, zu akzeptieren, wenn etwas nicht oder nicht so prompt klappt wie gewünscht.

Wir weigern uns oft beharrlich, die Dinge, die uns das Leben präsentiert, anzunehmen, und wenden unglaublich viel Energie auf, um dagegen anzukämpfen. Doch manches lässt sich nicht erzwingen. Der Kinderwunsch, wenn er denn übermächtig wird, stört alle anderen Ebenen des Begehrens – und dabei sind Schwangerschaft und Geburtserlebnis ohnehin eine harte Prüfung für jede Partnerschaft.

Wenn Sie sich ein Kind wünschen, nehmen Sie deshalb den Druck raus. Das ist schwierig, aber möglich – etwa, indem Sie sich in Sachen Sex auf die Kommunikation und die Lust fokussieren, und nicht nur auf die Fortpflanzung. Ideen und Anregungen finden Sie ab Seite 64 und ab Seite 126.

Endlich schwanger! Schluss mit lustig?

Gerade im ersten Drittel der Schwangerschaft haben manche Frauen weniger Lust auf Sex – aufgrund von Übelkeit, der hormonellen Umstellung oder einfach aus dem Gefühl heraus, dass etwas „anders" ist.

Aber: Die Lust auf Sex kommt meist ab dem vierten Monat wieder. Nicht wenige Frauen empfinden in der Schwangerschaft sogar ein recht großes sexuelles Verlangen. Denn wenn die ersten Monate mit den üblichen Beschwerden vorbei sind, genießen sie Sex ohne Verhütung und voller Vorfreude. In den besten Fällen geht es dem werdenden Vater ebenso. Der Grund dafür, dass viele Frauen in der Schwangerschaft Sex als lustvoller empfinden, liegt in der besseren Durchblutung der Geschlechtsorgane. Dadurch wird die Frau sehr empfindsam schon für kleinste Berührungen. Manche Frauen berichten sogar, dass sie beim Sex in der Schwangerschaft viel leichter zum Orgasmus kamen als je zuvor.

Häufig ist es aber leider auch der Fall, dass der werdende Vater seine Partnerin wie ein rohes Ei behandelt und aus Vorsicht und Furcht gar nicht mehr anfasst.

Eine Rolle kann dabei eine Blockade im Kopf des künftigen Vaters spielen: Der kleine „Bauchbewohner" ist für Männer etwas ganz Besonderes, und das macht die Frau in gewisser Weise „unantastbar".

Sex in der Schwangerschaft – nicht jedermanns Sache

Nicht alle Männer können mit einer Schwangerschaft ihrer Partnerin gleich gut umgehen und – auch das muss gesagt werden – nicht alle finden ihre schwangere Partnerin sexuell noch so attraktiv wie zuvor.

Auch wenn der Partner zeitweise weniger oder keinen Sex möchte, sollte die Frau das akzeptieren. Eine Schwangerschaft ist für beide Partner eine Umstellung und ich finde, dass die Veränderung und Herausforderung auf Seiten der Männer immer noch viel zu wenig gesehen und beachtet wird.

Von allerlei Ammenmärchen und medizinisch unhaltbaren Halbwahrheiten einmal abgesehen, weiß ein Mann oft zu wenig über Sex in der Schwangerschaft. Viele halten oder ziehen sich dezent zurück, wollen nicht riskieren, dem Kind oder der künftigen Mutter zu schaden.

Die größte Sorge: Kann unser Sex dem Ungeborenen schaden?

Nein, denn solange der Gebärmutterhals verschlossen ist, wird das Kleine vom Fruchtwasser und gegen mögliche Keime geschützt. Auch ein Orgasmus schadet dem Ungeborenen nicht. Viele Frauen fühlen sich gerade in der Schwangerschaft sehr weiblich und erleben Orgasmen neu. Das Ungeborene spürt lediglich die Entspannung der Mutter und die Glücksgefühle, die dadurch ausgelöst werden. Wenn die meisten Positionen zum Schluss der Schwangerschaft hin etwas „unbequem" werden, ist Oralsex eine gute Alternative.

Oft machen sich Männer Gedanken darüber, dass sie beim Sex womöglich mit ihrem Penis an das im Becken liegende Köpfchen des Babys stoßen könnten. Auch diese Angst ist unbegründet. Genießen Sie die Lust miteinander unbesorgt!

IDEEN FÜR DIE PRAXIS: Genießen Sie Sex während der Schwangerschaft

Grundsätzlich spricht überhaupt nichts gegen Sex während der Schwangerschaft, es sei denn, es ist eine Risikoschwangerschaft, dann wird Ihr Gynäkologe Ihnen sagen, ob es gegebenenfalls Einschränkungen gibt. Wie schon beschrieben, ist es aber individuell sehr unterschiedlich, ob der werdende Vater oder die Schwangere Lust auf Sex haben. Was Sie immer tun können – ob Sie nun Sex wollen oder nicht: bleiben Sie in Verbindung. Reden Sie miteinander. Genießen Sie die Zärtlichkeit, Nähe und ungestörte Zweisamkeit miteinander.

Zeigen Sie einander Ihre Liebe

Während der Schwangerschaft ist Zärtlichkeit für die meisten Frauen sehr wichtig, da sie nicht selten Probleme mit ihrem sich wöchentlich verändernden Körper haben. Mit fortschreitender Schwangerschaft lässt auch die Bewegungsfreiheit nach und alles wird anstrengender. Der Fokus auf das zu erwartende Baby wird größer und der vorher leidenschaftliche Sex wird für viele Paare in dieser Zeit eher zum sinnlichen Miteinander.

Zärtliche Streicheleinheiten

Der Mann kann den Bauch der Frau massieren. Das tut nicht nur seiner Partnerin gut, sondern gibt ihm auch die Möglichkeit, Kontakt zum Ungeborenen aufzunehmen: Das spürt schon die Zärtlichkeit von außen, so wie es ja auch die Stimmen der Eltern wahrnehmen kann.

Finden Sie geeignete Positionen

In den letzten Wochen können Sie noch völlig ungestört als Paar Sex haben. Besonders angenehm ist dann die Löffelchenstellung – für sie und für ihn. Auch Oralsex genießen viele Paare in dieser Zeit. Auch mit rundem Bauch funktioniert für viele noch die Reiterstellung besonders gut. Da die Frau oben ist, kann sie gut kontrollieren, wie tief er eindringt. Eine weitere günstige Stellung ist der sogenannte „Doggy-Style" – sie kniet im Vierfüßlerstand vor ihm, er hinter ihr … das eröffnet ihm erregende Perspektiven. Das ist dann übrigens auch eine gute Geburtsposition, weil sich der Bauch entspannt!

Wenn Frauen Mütter werden

Nicht nur die Männer sind manchmal verunsichert durch die körperlichen Veränderungen ihrer Partnerin während der Schwangerschaft, sondern vor allem natürlich die Frauen selbst.

Viele setzen sich leider viel zu wenig mit ihrem Körper auseinander. Das ändert sich manchmal während der Schwangerschaft, manche Frauen lernen sich dabei quasi völlig neu kennen: Plötzlich müssen sie sich mit ihren Brüsten, Geburtsorganen, dem ganzen weiblichen Körper auseinandersetzen. Das ist für manche sehr aufregend und interessant, für andere eher problematisch.

ZUM AUSPROBIEREN

Verwöhnen Sie sich!

Als Frau sollten Sie spätestens in der Schwangerschaft lernen, für sich zu sorgen und Ihre Bedürfnisse zu befriedigen. Schließlich profitiert auch Ihr Kind davon, wenn es Ihnen gut geht. Sie könnten sich beispielsweise ab und an eine Pediküre gönnen, denn die eigenen Füße zu erreichen, wird für die meisten Schwangeren bald recht beschwerlich.

Nehmen Sie sich auch Zeit, nochmal in Ruhe mit Freunden auszugehen, spazieren zu gehen, im Café zu sitzen oder ein Buch zu lesen. Gönnen Sie sich ganz bewusst Freiräume für sich selbst und auch dafür, allein zu sein. Sie werden feststellen, dass das eine lange Zeit nur noch sehr selten möglich sein wird. Die Energie, die Sie jetzt tanken, werden Sie nach der Geburt gut gebrauchen können.

Und ganz wichtig: Sagen Sie Ihrem Partner, was Sie brauchen und was Sie sich wünschen. Klar miteinander zu kommunizieren, ist gerade in dieser Zeit sehr wichtig, denn manche Dinge kann ein Mann einfach weder wissen noch nachvollziehen, gerade während der Schwangerschaft – also: Reden hilft auch hier unglaublich!

Ich würde aus meiner Erfahrung sagen, dass es eine Riesenressource für die Zukunft eines Paares ist, wenn es diese Zeit gemeinsam meistert. Der Vater meiner eigenen Kinder hat mich in dieser Zeit unglaublich unterstützt: So verzichtete er zum Beispiel in der gesamten Schwangerschaft solidarisch auf Alkohol (was ich heute erst richtig zu schätzen weiß) und war bei den Geburten ein wahrer Fels in der Brandung. Das war eine sehr wichtige und gute Erfahrung für mich, die mich in meinem Frausein sehr bestärkt hat – und die ich jeder Frau von ganzem Herzen wünsche.

Gemeinsam zur Geburt – ja oder nein?

Eine Geburt mitzuerleben ist nicht jedermanns Sache, auch wenn es spätestens seit den 1980er-Jahren immer üblicher wurde, dass Männer ihre Frauen ganz selbstverständlich in den Kreissaal begleiten.

Besprechen Sie deshalb mit Ihrem Partner offen und ehrlich, ob er mit Ihnen gemeinsam die Geburt durchstehen kann und will. Zugegeben, dafür braucht es Mut von beiden Seiten, aber der lohnt sich: Wenn die Geburt für sie oder ihn zum Alptraum wird, weil der andere sich nicht so verhalten kann, wie man es braucht, wird das möglicherweise Ihre Beziehung mehr belasten, als vorher offen miteinander zu sprechen und gemeinsam eine Lösung zu finden, die beiden gerecht wird. Denken Sie daran: Ihre Lösung muss zu Ihnen beiden passen, egal was andere davon halten. Denkbar wäre es zum Beispiel, dass eine Freundin Sie in den Kreißsaal begleitet.

Das Geburtserlebnis

Viele Frauen und Männer beschreiben das Geburtserlebnis als das wunderbarste Ereignis in ihrem Leben. Andere sagen vorsichtshalber gar nichts dazu.

Werdende Väter tun das aus Rücksichtnahme, weil man ja nicht wahrhaben will, dass dieses menschliche Wunder einem vielleicht Angst gemacht hat oder man die Partnerin in einer Situation erlebt hat, die man eigentlich nicht erleben wollte. Viele Männer kommen damit nicht klar, dass sie ihre Frau leiden sehen, und entwickeln Schuldgefühle …

Geburten haben – ganz kurz gesagt – etwas mit Urgewalt zu tun. Bei Frauen kommt dazu, dass eine schmerzhafte Geburt häufig dazu führt, dass die Geschlechtsorgane danach emotional mit Schmerzen verbunden werden. Das ist ein Grund, weshalb sich viele Frauen vor dem „ersten Mal" nach der Geburt fürchten. Wichtig ist es deshalb, sich dafür ausreichend Zeit zu lassen. Manche Frauen können sich Sex frühestens nach sechs Monaten vorstellen, andere sind nach drei Monaten dazu bereit und wieder andere schon nach wenigen Wochen.

Natürlich wird das „erste Mal" anders sein als vorher. Viele Frauen fühlen sich plötzlich weiter als vorher. Aber keine Angst: Gezielte Rückbildungsgymnastik unterstützt den gesamten Beckenboden dabei, seine alte Form wiederzubekommen.

ZUM AUSPROBIEREN

Aufregend gut: Liebeskugeln

Was viele nicht wissen: Sogenannte „Liebeskugeln" sind nicht nur zur sexuellen Stimulation gedacht, sondern auch die perfekten Beckenbodentrainer. Die Kugeln werden in die Vagina eingeführt und ein paar Stunden lang „herumgetragen". Das stärkt die Beckenboden-Muskulatur. Eine Bezugsquelle finden Sie im Anhang, ab Seite 157.

Das Kind ist da – die Lust ist weg?

Frischgebackene Eltern haben oft Wehmut im Blick, wenn sie von früher sprechen. Ja, früher war alles anders. Im früheren Leben – bevor ein Kind da war. Da konnten sie noch, wann und wo sie wollten. Aber heute? Keine Spur von spontaner Zärtlichkeit zwischen Windeltisch, Töpfen und Pfannen. Keine verliebten Sonntage mehr, in denen die Klingel abgestellt und das Telefon ignoriert wurde.

Kinder lassen sich nicht abstellen wie die Türklingel. Sie lassen sich auch nicht ruhigstellen oder vertrösten. Manchmal scheint es fast, als hätten Babys einen sechsten Sinn dafür, wann Mama und Papa mal wieder zärtlich sein wollen oder nur Zeit für sich brauchen: Gerade dann wachen sie auf, die Windeln sind voll oder sie sind von Langeweile geplagt. Sobald sie etwas älter werden, wird's auch nicht besser, dann stürmen sie unter Umständen ins Zimmer, platzen mitten in eine heiße Nummer. Kurzum: Kinder sind definitiv eine Herausforderung in Sachen Lust für das Elternpaar.

Mama und Papa im Bett?

Das elterliche Bett hat seit jeher eine magische Anziehungskraft auf alle Kinder, so dass die Domäne der Lust nicht mehr unbedingt dem Paar allein gehört. In den ersten Monaten mit Baby ist das okay, und viele sind schlicht auch zu müde, um sich dagegen zu wehren. Doch Konsequenz zahlt sich in dieser Hinsicht aus, wenn man denn noch irgendwann einmal mit dem Partner Sex haben möchte.

Was zusätzlich abtörnt, ist die ständige Sorge, dass der kleine Liebling etwas davon mitbekommen könnte. Aber was ist eigentlich so schlimm daran, sich auch in dieser Zeit für eine Weile zu zweit zurückzuziehen? Sich zuzugestehen, weiterhin *ein Paar* zu sein? Es ist eine Blockade im Kopf, die wir irgendwann einmal auf dem Lebensweg mitbekommen haben und die uns in der Rolle als „Eltern“ erstarren lässt. Mama und Papa beim Sex, das ist ein gedankliches No-go. Warum eigentlich? Die Rollen haben sich verändert und die Gefühle ebenso. Wer seine Eltern als asexuelle Wesen erlebt hat, der tut sich schwer, in der gleichen Situation Jahrzehnte später sich selbst eine sexuelle Identität zuzugestehen.

Welche Rollen spielen Sie?

Viele Menschen haben ein Idealbild vor Augen und tun alles, um diesem Ideal möglichst nah zu kommen. Viele Frauen träumen beispielsweise von einer glücklichen, kleinen Familie. Dazu gehören ein zufriedenes Baby und ein verständnisvoller Mann, das Ganze gewürzt mit ein bisschen Freizeit, viel Liebe und einer Prise Sex. Und ganz wichtig dabei: Wir bestimmen, in welcher Mischung es sein soll. Aber so funktioniert's leider nicht. Die Männer nämlich träumen den gleichen Traum ein bisschen anders. Auch für sie ist Familie inklusive treusorgender Frau und einem zufriedenen Baby wichtig. Allerdings sollte die Frau, die dann auch Mutter ist, zugleich Geliebte bleiben.

Die Realität ist anders, komplizierter und meist keineswegs so traumhaft. Genauso wie die Frauen empfinden auch Männer das Leben mit einem Baby oft als wenig lustvoll. Und was an Gemeinsamkeiten übrig bleibt, sind zumeist zwei erwachsene Zombies auf Schlafentzug, die sich erbittert darüber streiten, wer mehr tut und wem es schlechter geht.

Eltern werden und Partner bleiben ist eine der größten Herausforderungen überhaupt. Es gilt nicht das Entweder-oder zu leben, sondern sich im Sowohl-als-auch zu üben. Jede Partnerschaft wird durch die Elternschaft durcheinandergewirbelt. Die Sexualität wird davon nicht verschont. Plötzlich mangelt es an Zeit, Gelegenheit – und auch an Lust. Man muss lernen spontaner zu sein, Chancen zu nutzen, wenn sie sich bieten, und nicht darauf zu warten, dass noch eine bessere kommt. Alltagsstress, schlaflose Nächte und das Gefühl, nicht mehr attraktiv zu sein, tun ein Übriges.

Wie schaffen wir den Sprung vom Paar zur Familie?

ZURÜCK *zu Natalie und Florian*

So ging es auch Natalie und Florian. Sie erzählte: „Ein Leben mit Kind hatte ich mir völlig anders vorgestellt. Ich war total unsicher im Umgang mit dem Baby. Irgendwie hatte ich mir vorgestellt, mein Leben geht weiter wie zuvor – nur eben einfach mit Kind. Mein Gott, war ich naiv! Noch dazu hatte Florian es so einfach: Er durfte einfach wieder in die Arbeit gehen und hat sein Leben weitergeführt und ich – ja, ich hatte alles aufgegeben! Heute gebe ich offen zu: Ich war schlicht überfordert. Ich, die erfolgreiche Geschäftsfrau, kapitulierte angesichts eines hilflosen Babys!"

Florian ging es nicht besser. Auch wenn er versuchte, es Natalie nicht zu zeigen: Er konnte sich nur schwer in die Vaterrolle einfühlen. So traute er sich nicht zu, mit dem Kind allein zu sein, wozu Natalie ihn aber schließlich zwang. Je mehr Natalie ihn in die Pflicht als Vater nahm, desto mehr zog sich Florian zurück. Um der „Pflicht" zu entkommen, blieb Florian immer öfter abends lange in der Arbeit – und Natalie saß allein zu Hause mit dem Kind.

„Sie war den ganzen Tag nur mit dem Kind beschäftigt. Ob ich da war oder nicht, spielte eigentlich keine Rolle", klagte Florian. Deshalb war für ihn die logische Konsequenz: Dann kann ich auch gleich in der Arbeit bleiben.

Vielen Männern, die Vater werden, geht es wie Florian. Sie haben das Gefühl, das Kind habe ihnen etwas „weggenommen", was eigentlich ihnen zusteht und sie auch in vielen Fällen lange genossen haben: die ungeteilte Aufmerksamkeit der Frau.

Und die Frauen? Sie fühlen sich oft mit der Verantwortung für das Kind alleingelassen und sind überfordert. Die idyllische Vorstellung von einer kleinen Familie mit gleichberechtigt verteilter Verantwortung bekommt Risse. Sie haben ein hilfloses Baby und einen Mann, der sich in ihren Augen entzieht – oder gar selbst zum „Baby" mutiert.

Beide haben Angst vor der neuen Situation – und meist sprechen sie nicht darüber. Dass dabei die Lust auf der Strecke bleibt, wundert nicht wirklich.

Wo bleibe bitte ich?

Für Frauen ist oft der Verlust der Autonomie besonders hart. Sie sind berufstätig, die Vereinbarkeit von Berufstätigkeit und Familie ist in Deutschland nach wie vor so jämmerlich, dass es für viele Frauen nur ein Entweder-oder gibt – oder einen Balanceakt, der sie schier zerreißt. Auch körperlich verändert Schwangerschaft eine Frau – was heute eine ganz andere Bedeutung hat als früher. Denn nicht wenige Frauen definieren sich heute über eine stereotype Art von jugendlicher Schönheit, selbst wenn sie ein Kind bekommen haben.

Es ist wichtig zu wissen, dass Frau und Mann einiges aufgeben, wenn sie Eltern werden. Aber ein Kind zu bekommen, darf nicht heißen, dass man sich selbst aufgibt. Und es kann nicht heißen, dass man seine Beziehung aufgibt.

Wie gut ein Paar diese Zeit bewältigt, hängt zu einem großen Teil davon ab, ob es beiden gelingt, eine Rollen- und Aufgabenverteilung zu finden, mit der beide zufrieden leben können. Denn wenn sich einer von beiden permanent benachteiligt, überlastet und alleingelassen fühlt, wird es mit Sicherheit auch in sexueller Hinsicht keine Freudenfeuer geben!

Der Weg zurück zur Lust

In den ersten Wochen nach der Geburt sehnen sich viele junge Mütter nach Nähe, Wärme und Zärtlichkeit, aber ohne sexuelles Finale. Nicht umsonst gibt es das Wochenbett! Frauen möchten jetzt auch gern ab und an selbst „bemuttert“ werden, viele empfinden sich auch sexuell als nicht besonders attraktiv, noch ist der Körper zu sehr verändert von den Monaten der Schwangerschaft und der Entbindung. Und auch die Seele ist nicht so schnell damit, wieder auf „Normalbetrieb“ umzustellen, gerade bei schwierigen oder traumatisierenden Geburten. Jetzt geht es vielen Frauen um Nähe. Diese Nähe kann man nutzen, um die kommunikative Ebene zu pflegen und zu stärken.

Der Weg zurück zur eigenen Lust ist unter Umständen lang. Doch wenn beide diese Phase nicht persönlich nehmen, im Gespräch und somit in Kontakt zueinander bleiben, gelingt es, die Partnerschaft auf eine neue, höhere Ebene zu heben. Dafür ist es wichtig, dass Sie es schaffen, der Paarbeziehung nach wie vor Raum in Ihrem Leben zu geben.

Das erste Jahr mit dem Kind vergeht viel zu schnell – leider stellt man das immer erst hinterher fest. Ich kann ziemlich gut verstehen, dass manchen Eltern die ersten Monate wie eine Ewigkeit erscheinen. Für mich war es zumindest so: Die unglaubliche Liebe zu dem kleinen Wesen wechselte mit heftiger Wut ab: Ich hatte vorher keine Ahnung gehabt, wie dringlich der Wunsch sein kann, wieder einmal in Ruhe zu duschen oder zu essen. Ich hätte alles dafür gegeben, nur einmal durchschlafen zu können. Doch wie heißt es so schön – der Mensch wächst mit seinen Aufgaben – und er verändert sich, entwickelt sich weiter, gerade in der Herausforderung Elternschaft.

Trotz Kind ein Paar zu bleiben kostet jeden Tag ein Stück Engagement. Man muss sich angesichts des Kindes immer wieder ermahnen, dass es da noch einen Menschen gibt, den man liebt: nämlich sich selbst. Dass man ebenfalls Anspruch auf Aufmerksamkeit, Zuwendung und Liebe hat. Erst wenn man sich selbst gerecht wird, kann man das gegenüber anderen sein.

Wie schaffen wir den Sprung vom Paar zur Familie?

ZURÜCK *zu Natalie und Florian*

Und wie ist es Florian und Natalie weiter ergangen? Er versteckte sich anfangs hinter „Wenn sie nur anders wäre, dann wäre alles bes-

ser" und „Wenn sie doch dies und jenes täte, dann ...". Florian verlangte viel Anerkennung und Aufmerksamkeit, die Natalie ihm nicht geben konnte und wollte, weil sie selbst durch die Belastung in dieser Zeit an ihre Grenzen geriet. Immer wenn seine Unsicherheit wuchs, brach er Streit vom Zaun – sein kindliches Verhalten war zunehmend problematisch. Er spürte wohl, dass sie ihren Weg notfalls allein weitergehen würde, wenn er so weitermachte.

Sie erzählte, dass sie oft das Gefühl habe, zwei Kinder zu haben und in ihren Augen Florian lernen müsse, sich mehr um sich selbst zu kümmern und „erwachsen" werden, schließlich sei er jetzt selbst Vater.

Florian begriff, dass er die Chance auf eine Entwicklung wahrnehmen musste: Er reduzierte seine Arbeitszeit – plötzlich war möglich, was so lange unmöglich schien, in meiner Wahrnehmung wieder ein typisches Beispiel dafür, was machbar ist, wenn die Prioritäten anders gesetzt werden! Er kümmerte sich an zwei Nachmittagen um die Tochter, während Natalie arbeiten ging.

Sie erkannten, dass sie auch durch seine berufliche Situation viel zu wenig Zeit für einen wirklichen Austausch gehabt hatten.

Zufälligerweise traf ich Florian einige Jahre später wieder und ich erkannte ihn kaum wieder: Er hatte sich optisch und in seiner ganzen Ausstrahlung sehr stark verändert. Wo früher der Junge war, stand nun ein Mann.

Schaffen Sie sich Freiräume

Sie wollen weiterhin Sex miteinander, Sie wollen einander als Partner nicht verlieren – dann tun Sie etwas dafür! Besonders wichtig ist es, dass Sie sich Raum für sich selbst schaffen!

Permanenter Stress, wie ihn alle jungen Eltern kennen, ist ein Lustkiller. Sorgen Sie deshalb für eine gerechte Aufgabenverteilung und genügend Entspannung für sich und Ihren Partner. Greifen Sie auch auf fremde Hilfe im Haushalt und bei der Betreuung und Pflege Ihres Babys zurück, um sich selbst und der Beziehung mehr Raum zu geben.

Auch auf die Hilfe der eigenen Mutter oder Schwiegermutter, denn sie meinen es in aller Regel gut und wollen uns gar nicht vor Augen halten, dass sie die besseren Mütter waren! Wenn Ihr Selbstwertgefühl stimmt, werden Sie kaum an Ihren eigenen mütterlichen Fähigkeiten zweifeln und nur das annehmen, was Sie für richtig halten.

IDEEN FÜR DIE PRAXIS: Geben Sie Ihrer Beziehung Raum

Auch wenn das Kind noch sehr klein ist, gerade eine Fremdelphase hat oder der Babysitter unerwartet ausfällt, gibt es Möglichkeiten, Zeit zu zweit zu genießen.

Nutzen Sie den Moment

Sobald das Baby im Bett ist, treffen Sie sich in der Badewanne mit Rotwein und Käse … romantisch, entspannend, kommunikativ – was will man mehr?

Manchmal sind auch Lokale um die Ecke, wo das Babyphon noch in Reichweite ist (soweit ich weiß, geht das ja heute über die Handys, so dass man sofort benachrichtigt wird, wenn sich etwas regt), und der hoffentlich sportliche Mann sprintet notfalls schnell ums Eck, um nach dem Nachwuchs zu sehen.

Geben Sie einander frei!

Eine glückliche Partnerschaft kann es nur zwischen zwei zufriedenen Partnern geben. Deshalb ist es auch wichtig, dass jeder ab und an etwas für sich selbst tun kann. Währenddessen hütet der andere das Kind. Das ist erlaubt! Familie heißt nicht Symbiose!

Holen Sie die Romantik zurück!

Einen gemeinsamen Abend ohne Kind sollten sich Eltern regelmäßig gönnen. Nehmen Sie sich dann ruhig auch hin und wieder etwas Besonderes vor, genießen Sie sehr bewusst die Zeit miteinander.

Schaffen Sie eine knisternde Atmosphäre!
Wenn jeder Elternteil auch ein Eigenleben führen kann (sich mal mit Freunden treffen, mal allein ausgehen), schafft diese Distanz auch neue Anziehungskraft. Zeigen Sie sich und Ihrem Partner, dass Sie eben nicht nur Mama oder Papa sind, sondern auch noch Frau oder Mann sein wollen. Die außerhalb der Partnerschaft erlebten Dinge geben neue und wichtige Impulse innerhalb der Beziehung! Das ist nicht nur völlig legitim, sondern sogar ein Muss!

Und wie geht es weiter?

Das Leben mit Kindern wird noch bewegter, als es das Leben als Paar war. Ihr Kind – oder Ihre Kinder – werden älter. Das bedeutet auch, dass Sie immer neue Freiheiten bekommen, denn schon im Kindergartenalter fordern die Kleinen längst nicht mehr so viel Zeit, wie sie es als Babys taten.

ZUM AUSPROBIEREN

Der geschenkte Tag

Vielleicht gibt es in Ihrem Freundeskreis Menschen, die kinderlos, aber kinderlieb sind? Oder deren eigene Kinder schon längst außer Haus sind? Dann wäre es für alle eine tolle Idee, das Familiengefühl einen Tag lang „auszuleihen“: Das Kind darf bei den erwachsenen Freunden sein. Der Effekt: einen Tag geschenkt frei für Sie! Für das Kind ist das auch eine wunderbare Erfahrung, ganz Prinz oder Prinzessin zu sein. Die kinderlieben Freunde werden begeistert sein, etwas Besonderes mit dem Kind zu unternehmen, von Boot fahren bis Waffeln backen …

Dann kommt die Schulzeit – mit neuen Herausforderungen und Möglichkeiten. Ihre Kinder lernen im Laufe der Jahre viele

Menschen kennen, Freundschaften entstehen – das Leben der Kinder orientiert sich schließlich mehr und mehr nach außen. Das dürfen Sie auch als Chance sehen. Zum einen als Chance, das Jetzt, den Moment als Eltern mit Ihren Kindern zu genießen, denn jede Phase geht schnell vorbei – das merkt man immer wieder im Rückblick! Und zum anderen die Chance, Freiräume als Paar zurückzuerobern. Hier ist wichtig, dass Sie nicht aufhören, an sich als Paar zu glauben und einander sowie Ihre Beziehung wichtig zu nehmen.

IDEEN FÜR DIE PRAXIS: Nutzen Sie Gelegenheiten

Bald sind die Kinder im Kindergarten, später in der Schule. Damit eröffnen sich auch immer mehr Möglichkeiten, Zeit zu zweit zu genießen. Hier finden Sie einige Ideen. Weitere Anregungen finden Sie in einigen Büchern, die ich im Anhang für Sie zusammengestellt habe.

Arbeitspausen machen
Investieren Sie ab und an abzufeiernde Überstunden oder einen halben Urlaubstag in Ihre Beziehung: Nehmen Sie sich einen Vormittag frei und nutzen Sie ihn für sich zu zweit – ohne dabei noch etwas ganz Wichtiges zu erledigen oder zu organisieren. Einfach nur miteinander sein.

Lukrative Tauschgeschäfte
Kommen Sie ins Geschäft mit einem anderen Elternpaar, dem es ähnlich geht wie Ihnen. Treffen Sie eine Verabredung, beispielsweise: Alle zwei Wochen gibt es eine Übernachtung: Einmal darf Ihr Kind bei der anderen Familie übernachten, dann das andere Kind bei Ihnen. Damit hat jeder einmal im Monat einen freien Abend und eine Nacht als Paar – und das völlig kostenlos!

Grenzen Sie sich auch mal ab
Eltern dürfen ruhig auch ab und an die Tür absperren – die vom Schlafzimmer sowieso, aber auch die Küchentür.

Bleiben Sie kreativ!
Vielleicht nicht geeignet, um Sex zu haben, aber doch, um ungestört miteinander zu reden und sich in die Augen zu sehen: Machen Sie ab und an einen Shoppingausflug zu einem Geschäft mit Kinderbetreuung – etwa einem größeren Möbelhaus. Während die Kinder in der Betreuung spielen, können Sie ein bisschen zu zweit herumschlendern, sich unterhalten oder einen Kaffee zusammen trinken.

Kino für jeden …
Mit Schulkindern schon gut machbar: Packen Sie Ihre Kinder und deren Freunde ins Kino ein. Und während die Kids gemeinsam einen altersgerechten Film sehen, gehen Sie parallel in einen anderen Film – oder spazieren, ins Café stilvoll essen?

Romantik unterm Sternenhimmel
Haben Sie einen Garten? Dann können Sie in den Sommermonaten ab und an am Wochenende ein Zelt aufbauen – ob Sie dort ein romantisches Stelldichein haben oder die Kinder eine abenteuerliche Nacht „außer Haus", bleibt ganz der Spontanität überlassen.

Kapitel 6
… und wieder zurück. Von der Familie zum Paar

Partner werden gemeinsam älter, die Kinder wachsen heran – und eines Tages sitzen die Eltern allein im leeren Nest. Wehmütig? Froh? Das hängt sehr davon ab, wie sehr Sie sich um sich selbst gekümmert und wie gut Sie beide über die Jahre Ihre Beziehung gepflegt haben. Ideen und Anregungen für diese spannende Phase des Wandels finden Sie auf den folgenden Seiten.

Soll das alles gewesen sein?

MEINE KLIENTIN
Maria (51), seit 21 Jahren verheiratet, zwei erwachsene Kinder

---

WARUM SIE BEI MIR IST: *Die Kinder sind aus dem Haus. Maria und ihr Mann – wie viel ist da noch? Maria hat das vage Gefühl, nochmal durchstarten zu wollen. Ob das möglich ist?*

Es ist der fünfzigste Geburtstag ihres Mannes, ein halbes Jahr, nachdem die jüngere Tochter von Maria und Steffen ausgezogen ist, ein tolles Fest.

Fröhlich und ausgelassen war der Abend. Anfangs stand Maria einmal kurz am Rande und beobachtete Steffen. Er gefiel ihr, wie er da lässig mit seinen Kollegen zusammenstand und sich unterhielt. Maria fand ihn immer noch sehr attraktiv. Immer öfter hatte sie sich in den vergangenen Jahren ausgemalt, wie schön es sein würde, wenn sie keine familiären Verpflichtungen mehr haben würden, nur noch Paar sein könnten … Vielleicht würde ihre Beziehung wieder inniger? In den letzten Jahren hatte es immer weniger Sex gegeben, immer seltener waren die leidenschaftlichen oder verbindenden Momente geworden … Dennoch ist Maria immer davon überzeugt gewesen, dass Steffen und sie das miteinander wieder hinbekommen würden.

Doch an diesem Abend passierte etwas: Geradezu schamlos flirtete Steffen mit der neuen Freundin eines Arbeitskollegen. Im Vorübergehen hörte Maria später dann, wie ihr Mann seinem besten Freund ein klein wenig zu laut zuraunte: „Appetit darf man sich ja anderswo holen, aber gegessen wird zu Hause."

„Ich bin also Hausmannskost", schoss es Maria durch den Kopf. Ihre Stimme bricht, als sie mir davon erzählt. Sie ist zu mir gekommen, weil sie ihr Leben verändern und ihre Beziehung retten will. Und sie hat Angst: Ist es vielleicht zu spät? Ist sie zu alt? Kommt da gar nichts mehr?

Angekommen an einem Wendepunkt

„Soll's das schon gewesen sein?" Diese Frage kommt wie ein Blitz aus heiterem Himmel. Irgendwann zieht jeder Mensch Bilanz – oft an runden Geburtstagen, zu Jubiläen, beim Eintritt in einen neuen Lebensabschnitt oder in einer Krisensituation. Und nicht zuletzt in Momenten, in denen ihm die eigene Vergänglichkeit bewusst wird. In Beziehungen geht das oft mit Fragen einher wie: „Will ich wirklich *so* den Rest meines Lebens verbringen?"

Solche Zweifel sind in der Regel sofort mit dem schlechten Gewissen gepaart, stellen sie doch eine bislang funktionierende Beziehung in Frage. Das Problem daran – ist der Gedanke einmal gedacht, wird man sich auch damit beschäftigen. Er erzwingt ja nicht automatisch das Ende einer Beziehung, sondern lediglich den Anfang einer Veränderung. Es bedeutet aber auch, dass man seine Beziehung hinterfragt und auf den Prüfstand stellt, was gerade in Langzeitbeziehungen wichtig ist.

Fast alle Menschen, die schon länger in einer Partnerschaft

leben, kennen solche Momente. Vielleicht denken auch Sie: „Meine Beziehung ist doch eigentlich ganz okay."

Aber ist *okay* wirklich genug? Genug an Glück und Zufriedenheit bis ans Lebensende?

STELLEN SIE SICH EINE FRAGE...

Sind Sie zufrieden mit Ihrem Leben?

Wenn Sie solche Zweifel plagen, dann ist das lediglich ein Indiz dafür, dass Sie Erwartungen, Ansprüche und Wünsche haben, die sich momentan (noch) nicht erfüllt haben. Und es bedeutet, dass Ihnen Ihre Beziehung nicht gleichgültig ist, sondern wert, sich mit ihr auseinanderzusetzen. Warum also warten, bis aus einer kleinen Unzufriedenheit eine handfeste Beziehungskrise wird. Schauen Sie ruhig genauer hin.

Und: Lassen Sie Gefühle zu. Jeder Abschied von einem Lebensabschnitt ist mit Trauer verbunden – jeder Neuanfang mit Vorfreude und Ängsten. Leben Sie Ihre Trauer aus: Schwelgen Sie gemeinsam in Erinnerungen. Behalten Sie eine gute Verbindung zu Ihren Kindern. Jetzt, wo der gemeinsame Alltag als Familie nicht mehr im Vordergrund steht, keines der Familienmitglieder mehr pubertiert und Sie sich mit Ihren Kindern auf einer neuen Ebene begegnen können, haben Sie die Chance, ganz neue Rituale und gemeinsame Hobbys einzuführen, die beiden Seiten Freude machen. Vielleicht unternehmen Sie jetzt öfter Ausflüge oder Kurzreisen, sowohl alle zusammen oder nur zu zweit.

Nehmen Sie es als Chance, dass Sie jetzt wieder den Luxus haben, miteinander Zeit zu verbringen, gemeinsame Hobbys zu pflegen – vielleicht auch ganz neue gemeinsame Interessen zu entdecken. Genießen Sie nach dem „Abschiedsschmerz", weil eine Phase vorbei ist, auch die Vorfreude auf das Neue, das jetzt in Ihr Leben kommt.

ZUM AUSPROBIEREN

Sich bewusst verabschieden

Vielleicht finden Sie ein Ritual, mit dem Sie ganz bewusst Ihre Kinder zu Hause verabschieden und in ihr eigenes Leben als junge Erwachsene entlassen? Das kann ein festliches gemeinsames Essen sein, bei dem man Erinnerungen Revue passieren lässt, vielleicht sogar eine Wochenendreise als Familie oder ein großes Fest mit Diashow?

Älter werden – auch eine Chance

Niemand will heute alt sein. Jung sterben möchte auch keiner, doch das wäre die einzige Alternative dazu.

Alt zu werden ist in unserer Gesellschaft deshalb so schwierig aushaltbar geworden, weil wir einem Schönheitsideal nachjagen, das jung, schlank, erfolgreich und makellos ist. Älter zu werden ist fast so etwas wie ein Tabu ...

Dabei leben viele heute länger als die meisten Menschen früherer Generationen – und viele von uns auch in einer gesundheitlichen Verfassung und mit einer Fitness, von der Generationen vor uns nur träumen konnten!

50, 60 oder älter zu sein bedeutet heute nicht mehr, dass das Leben vorbei ist. Dennoch verhalten sich viele Menschen so. Das liegt an inzwischen überholten Glaubenssätzen aus der Vergangenheit, die wir nicht ganz abschütteln können. Unter anderem die Idee, dass es mit dem Alter irgendwie „unanständig" wird, sexuelle Bedürfnisse, Träume und Wünsche zu haben ...

Frauen beim Start in eine neue Lebensphase

Für Frauen sind im Zusammenhang mit dem Älterwerden die Themen Körperlichkeit und Wechseljahre wesentlich. Entgegen vieler Vorurteile verlieren viele Frauen mit dem Alter keineswegs die Lust am Sex – sie fühlen sich nur häufig nicht mehr so begehrenswert wie in jüngeren Jahren.

Einige Fakten zum „Wechsel"

Als Wechseljahre wird der Umstellungsprozess des Hormonhaushalts definiert, der um den Zeitpunkt der letzten Menstruation einsetzt. Dann sinkt der Östrogenspiegel im Körper und pendelt sich schließlich auf ein Minimum ein. Dadurch verändert sich auch die Figur.

Während hierzulande viele Frauen über sogenannte Wechseljahresbeschwerden wie Hitzewallungen klagen, sind diese Symptome im asiatischen Raum nahezu unbekannt – ja, es gibt noch nicht einmal eine Bezeichnung dafür. Ob es die Ernährung ist, wie manche vermuten, oder aber die unterschiedliche Rolle der älter werdenden Frau in den verschiedenen Kulturen, darüber kann man nur spekulieren. Dabei sind Wechseljahre hauptsächlich „Kopfsache". Allerdings gibt es einen medizinischen Fakt, der das sexuelle Empfinden tatsächlich beeinflussen kann: Die Vaginalschleimhaut wird trockener. Das zu spüren, ist für Frauen oft mit der Angst verbunden, der Sex könnte unangenehm oder gar schmerzhaft sein. Doch was bedeutet es denn im Grunde? Dass es Zeit für ein längeres Vorspiel wird? Dass man die eine oder andere Gleitcreme ausprobiert? Zu selbstbestimmter Sexualität gehört es, dafür Verantwortung zu übernehmen.

Viele Frauen sind ohnehin lebenslang überkritisch mit ihrem Körper. In diesem Alter nimmt das noch zu. Dabei wäre es so entlastend, wahrzunehmen, dass man so viel mehr zu bieten hat als einen Körper, den man versucht künstlich zu konservieren. Wie viel Esprit, Kreativität, wie viel Kraft, wie viele Fähigkeiten und ja, auch: wie viel Schönheit jeder von uns zu bieten hat! Ich finde wirklich, dass *jeder* Mensch etwas ganz besonderes ist und hat. Bei jedem Menschen findet man Schönheit.

Deshalb sollten Sie den Spaß an Ihrem Leben und auch am Sex auf keinen Fall aufgeben, nur weil Sie und Ihr Körper sich verändern.

Altern – auch für Männer eine Herausforderung

Die meisten Frauen vergessen, dass sich Männer mit den Jahren ebenfalls verändern und das ebenfalls nicht so einfach finden. Viele Männer leiden darunter, nach und nach weniger leistungsfähig und fit zu sein. Mancher Mann hat beim Älterwerden mit Erektionsstörungen zu kämpfen. Jetzt ist eine offene Kommunikation besonders wichtig. Denn wenn Sie nicht offen miteinander sprechen, bauen sich schnell Missverständnisse auf: Männer sind irritiert, weil sie an ihren Fähigkeiten zweifeln, und Frauen fühlen sich möglicherweise nicht mehr begehrenswert.

Es ist also Zeit, die Beziehung neu zu definieren. Das ist gleichzeitig auch eine neue Chance, anzusprechen, was einem gut tut, was man will und was man nicht will. Der Sex muss mit den Jahren nicht schlechter werden … Allerdings sollte er spätestens jetzt selbstbestimmter werden. Und noch eine positive Nachricht: Die Fähigkeit, einen Orgasmus zu bekommen, verbessert sich bei vielen Frauen sogar.

Entdecken Sie sich selbst neu!

Wenn Sie Ihre Beziehung neu beleben möchten, ist es vor allem wichtig, dass Sie gut für sich selbst sorgen. Denn eine Beziehung bleibt nur spannend, wenn beide Impulse von außen bekommen, die sie dann mit in die Beziehung tragen können. Was soll man sonst noch reden oder diskutieren?

Also: Haben Sie beide eigene Freunde? Hobbys, die Ihnen am Herzen liegen und die Sie pflegen? Wenn sie regelmäßig mit ihren Freundinnen „Mädels-Ausflüge" unternimmt und er immer wieder mit den „Jungs" unterwegs ist, profitieren alle davon, dass Freiheit gelebt wird.

ZUM AUSPROBIEREN

Den Standort mal wieder bestimmen

Machen Sie den Check: Wo stehen Sie – wer sind Sie? Gerade in Phasen des Umbruchs ist es wichtig und spannend, sich selbst immer wieder einmal zu überprüfen: Ist man noch auf dem richtigen Weg? Geht es in die gewünschte Richtung? Die Fragen ab Seite 31 können Ihnen zu mehr Klarheit verhelfen.

IDEEN FÜR DIE PRAXIS: Den eigenen Körper neu entdecken

Meiner Ansicht zeigt sich die Befindlichkeit eines Menschen nach außen durch die sogenannte Ausstrahlung. Das bedeutet: Wenn Sie mit sich selbst zufrieden sind, strahlen Sie das aus. Und auch andere sehen das!

Was sind Ihre körperlichen Highlights?

Was gefällt Ihnen ganz besonders – an sich selbst? Ihre Augen? Die Brüste? Der Rücken? Oder sind es die Hände, die Zehen, die Schultern? Notieren Sie wenigstens drei Bereiche Ihres Körpers, die Sie besonders schön finden, es dürfen gern mehr sein! Wenn Sie mögen, stellen Sie sich dazu vor einen Spiegel und betrachten sich selbst aufmerksam.

Genießen Sie Ihren Körper!

Selbstbefriedigung ist einer der besten Wege, seinen eigenen Körper zu erforschen und kennenzulernen. Gerade in Phasen der Veränderung ist es spannend, sich selbst immer wieder neu zu entdecken. Ideen dazu finden Sie ab Seite 53.

Her mit den neuen Kleidern!

Ihr Äußeres hat sich in den letzten Jahren verändert? Warum dann nicht mal ganz bewusst damit beschäftigen, ob der gewohnte Stil und die vorhandenen Kleider tatsächlich noch zu einem passen? Stöbern Sie in guten Zeitschriften nach neuen Ideen und genießen Sie die nächsten Shoppingtrips ganz besonders. Vielleicht haben Ihre Freundinnen Lust, Sie zu begleiten? Dann können Sie gleich ein richtiges Event draus machen und danach gemeinsam zu Hause noch bei einem Prosecco eine Modenschau veranstalten. Das Ganze funktioniert notfalls natürlich auch als Modenschau nach Online-Bestellung!

Eine weitere schöne Variante ist ein „Tausch-Flohmarkt" mit Freundinnen: Laden Sie ein paar Ihrer „Mädels" ein und bitten sie alle, Kleidungsstücke mitzubringen, die Sie dann miteinander tauschen können oder einander vorführen. Das darf ruhig ein witziger Abend sein, mit ein paar Gläsern Prosecco und guter Musik …

STELLEN SIE SICH EINE FRAGE…

Was haben Sie in Ihrem Leben alles geschafft, auf das Sie stolz sind? Und dürfen Sie dafür keine sichtbaren Spuren haben?

Soll das alles gewesen sein?

ZURÜCK *zu Maria*

Steffens fünfzigster Geburtstag scheint wie eine Initialzündung für Maria, die sie dazu bringt, sich mit ihrem Leben genauer auseinanderzusetzen (siehe ab Seite 100). Der Geburtstagabend war lediglich der Auslöser dafür, aber nicht die Ursache, denn zunehmend wird Marias eigene, schon lange schwelende Unzufriedenheit deutlicher. Maria begibt sich gerade in eine negative Gedankenspirale, denn sie ist eine sehr emotionale Frau. Die Sache mit der „Hausmannskost" geht ihr einfach nicht mehr aus dem Kopf. Maria fühlt sich verletzt, die Ängste, die sie in den letzten Jahren mehr und mehr gespürt hat, lassen sich nicht mehr verdrängen: Ist sie nicht mehr begehrenswert? Kann sie die Beziehung zu Steffen überhaupt noch wiederbeleben? Und wenn ja, wie? Oder wäre es besser, ganz allein etwas Neues zu beginnen?

Finden Sie sich neu als Paar

Selbst wenn Sie all die Jahre als Paar miteinander in Kommunikation geblieben sind, wird diese Lebensphase einige Veränderungen mit sich bringen. Vielleicht möchte einer von Ihnen oder gar beide nochmal durchstarten, Neues ausprobieren, Chancen nutzen, bevor es zu spät ist?

Das ist völlig normal. Und es ist genauso normal, dass das mit Verlustängsten und Zweifeln verbunden ist. Lernen Sie deshalb unbedingt, miteinander zu reden, sich wirklich auszutauschen. Das wird Ihnen viele Ängste nehmen. In der Paartherapie stelle ich dann oft fest, dass die Ideen, Wünsche und Träume, die zwei Partner haben, überraschend ähnlich sind – es traut sich nur keiner von beiden, dem anderen zu sagen, was er wirklich will.

Beleben Sie Kommunikation und Lust!

Sie erinnern sich noch an die drei Ebenen der Sexualität (siehe Seite 55)? Bei Maria und Steffen ist die Fortpflanzungsebene (der sich die Versorgung des Nachwuchses anschließt) abgeschlossen. Jetzt – nach dem Auszug der Jüngsten – steht eine Rolle rückwärts an – von der Elternschaft zurück zur Partnerschaft. Was bleibt, ist die Kommunikationsebene und die Lustebene, die es zu beleben gilt.

Reden Sie miteinander, gleichen Sie Ihre Träume und Wünsche für den neuen Lebensabschnitt miteinander ab: Brechen Sie gemeinsam in die Zukunft auf.

Ein neues Miteinander

Wenn beide Partner gut für sich selbst sorgen, den eigenen Sinn im Leben finden, mit sich zufrieden sind – dann ist das die beste Grundlage für eine glückliche, ausgeglichene und lebendige Partnerschaft! Zelebrieren Sie außerdem Ihr neues Paargefühl ruhig auch: Vielleicht begehen Sie nach dem Auszug Ihrer Kinder gemeinsam ein kleines Fest, das im Schlafzimmer ein erregendes Finale findet?

Würdigen Sie miteinander, was Sie gemeinsam geschafft haben. Es festigt und bereichert Ihr Leben und auch Ihre Beziehung, wenn Sie wichtige Übergänge im gemeinsamen Leben feiern, statt sie einfach so im Sande verlaufen zu lassen.

Neue Hobbys und Rituale finden

Falls Sie in den letzten Jahren Ihre Hobbys – jeder für sich und auch gemeinsam – vernachlässigt haben, ist spätestens jetzt der richtige Zeitpunkt gekommen, Ihren Interessen nachzugehen.

Gehen Sie gemeinsam aus, zum Tanzen, ins Konzert, führen Sie den guten alten Abendspaziergang zu zweit wieder ein – was immer Ihnen beiden entspricht, legen Sie los! Hierbei liegt die Kunst auch nicht darin, dass jede kleine Aktivität einen ausgefallenen Kick bieten muss, sondern in der Kontinuität. Kreieren Sie gemeinsam neue Rituale oder beleben Sie alte, vergessene wieder neu.

Klassiker: der Abend zu zweit

Ob Sie einmal pro Woche miteinander zum Tanzen gehen, festlich zu Hause essen, ins Kino gehen oder in eine Ausstellung – reservieren Sie sich einen Abend nur für sich zu zweit.

Neues miteinander erleben
Überlegen Sie gemeinsam, was Sie beide interessiert: Vielleicht möchten Sie an einem Theater- oder Konzert-Abo teilnehmen? Oder Sie planen ab sofort jedes Jahr gemeinsam eine kleine Reise zu machen, dahin, wohin Sie vielleicht schon immer wollten. Abwechselnd organisiert es der eine und der andere.

Rundum renoviert
Jetzt gibt es auch die Möglichkeit, die Wohnung neu zu gestalten – denn hier ist ja jetzt viel mehr Platz, den Sie gemeinsam nutzen können! Vielleicht richten Sie sich eine Bibliothek ein? Oder ein extra Esszimmer? Oder Sie ziehen mit Ihrem Schlafzimmer in einen größeren Raum um …

Pflegen Sie ein Briefritual
Sie vereinbaren einen Ort, vielleicht eine Art Schatzkästchen oder einen andern festen Platz. Dort hinterlegen beide jede Woche zur gleichen Zeit – etwa Freitagabend um 19 Uhr – einen Brief an den anderen. In dem Brief kann stehen, was während der Woche besonders schön war, was einen beschäftigt oder bewegt, was er sich wünscht …

IDEEN FÜR DIE PRAXIS: Neue erotische Impulse

Alles, was dazu beiträgt, dass Sie einander wieder intensiver wahrnehmen, entfacht auch die Erotik neu. Einige gut geeignete Körperübungen finden Sie ab Seite 28. Und falls Ihnen die passenden Worte fehlen: Ab Seite 126 finden Sie Ideen, wie Sie Ihr Liebesleben auch verbal wieder aufheizen.

Regen Sie Ihre Fantasie an
Denken und träumen Sie sich zurück zu einem besonders prickelnden Zusammensein mit Ihrem Partner. Durchleben Sie diese Erinnerung in allen Details. Jetzt stellen Sie sich vor, was Sie heute mit Ihrem Mehr an Erfahrung anders, besser oder mutiger machen würden. Setzen Sie es um!

Anregung: Seien Sie schamlos!
Beim Sex müssen Sie sich für nichts schämen, vor allem nicht für sich selbst. Also zeigen Sie's ihm – und falls Sie Hilfe dabei brauchen, die inneren Moralapostel zum Schweigen zu bringen, erfinden Sie ein erotisches Double: eine „sexbewusste" Frau, die auch in Ihnen steckt! Geben Sie ihr einen Namen – zum Beispiel Eva. Die ist frech, locker, unverblümt.

Wenn Sie spüren, dass die Scham Sie blockiert, fragen Sie sich, was Eva jetzt tun oder denken würde – und dann lassen Sie Eva gewähren …

Helfen Sie der Lust auf die Sprünge!
Üben Sie die Kunst der Verführung! Er steht auf halterlose Strümpfe? Sie steht auf Anzüge? Dann ziehen Sie sich doch einmal entsprechend an. Überraschen Sie einander!

Heißer Filmabend
Ein ruhiges Wochenende zu zweit? Dann passt vielleicht ein schöner DVD-Abend rein: Jeder wählt eine erotische DVD aus und beide Filme werden angeschaut. Erzählen Sie sich gegenseitig, welche Filmszenen Sie besonders angemacht haben – und warum … Wenn Sie lieber nicht reden möchten, dann werden Sie aktiv und zeigen Sie Ihrem Partner gleich, was Ihnen gefällt!

Soll das alles gewesen sein?

ZURÜCK *zu Maria*

In der nächsten Stunde möchte ich Maria aus der Reserve locken, da überrascht sie mich mit einer unerwarteten Neuigkeit. Sie erzählt, dass sie sich Zeit genommen hat, sich mit ihren Fantasien und somit mit ihrer Sexualität auseinanderzusetzen.

„Eines Morgens verkündete Steffen wie immer ‚ich geh jetzt unter die Dusche'. Ich dachte spontan – was wäre, wenn ich jetzt einfach zu ihm unter die Dusche komme? Und ich hab's einfach gemacht,

ohne groß nachzudenken. Er war verblüfft und zugleich überrumpelt. Und er hat es genossen!"

Maria hat den ersten Schritt gewagt, ist aus ihrem Schneckenhaus gekommen und hat sich nicht mehr länger zum Opfer der vermeintlichen Umstände gemacht. Das bringt mich auf eine Idee: Ich gebe Maria zwei Kopien eines Fragebogens mit. Eine soll Maria und eine soll Steffen für sich ausfüllen. Dann werden die Antworten auf die Fragen nebeneinandergelegt und es wird darüber geredet.

„Wichtig ist", erkläre ich Maria, „dass Sie auf jede Frage antworten! Etwas auszulassen gilt nicht."

Ja, Maria und Steffen haben die Fragebögen ausgefüllt. Zwar stehen sie noch am Anfang, aber durch die Antworten haben sie doch viel Neues voneinander erfahren und können nun offener und besser miteinander kommunizieren.

ÜBRIGENS: Den Fragebogen finden Sie ab Seite 147 in diesem Buch. Vielleicht haben Sie Lust bekommen, ihm auszufüllen und darüber miteinander zu sprechen? Viel Spaß dabei!

Kapitel 7
Ein Ende – und ein Neustart?

Man kann an Beziehungen arbeiten. Wenn man allerdings sehr lange nur noch nebeneinanderher gelebt oder einander so verletzt hat, dass man nicht mehr zueinanderfindet, ist eine Trennung vielleicht unumgänglich. Daraus können Sie lernen – für Ihr weiteres Leben an sich und auch für eine neue Beziehung, in der man die Kommunikation von Anfang an pflegt.

Ich habe keine Wahl?!

MEINE KLIENTIN
Anna (33), verheiratet, ein Kind (2)

WARUM SIE BEI MIR IST: *Anna sieht keinen Ausweg aus einer schier unaushaltbaren Beziehungssituation – aber sie hat ja keine Wahl! So glaubt sie zumindest.*

Die Beziehung zwischen Anna und Gerhard war immer kompliziert gewesen, so erzählte mir Anna, hatte aber auch schöne Momente. Noch bevor Anna sagen konnte, ob sie glücklich genug mit Gerhard war, um langfristig mit ihm zusammenzubleiben, war sie schon schwanger und die Heirat eine Folge daraus. Alles war so schnell gegangen … Schon bald nach der Geburt des Kindes wurde Anna zunehmend klar, dass sie mit Gerhard keine glückliche Beziehung leben konnte, denn sie kam nicht wirklich an ihn ran, es war, als hätte er eine Mauer um sich herum aufgebaut. Es gab praktisch keine Verbindung zwischen den beiden: Gerhard tat, was er wollte, die Bedürfnisse anderer Menschen schienen ihm gleichgültig zu sein. Anna fühlte sich immer ohnmächtiger, immer häufiger kam es zum Streit, der immer rascher eskalierte … Anna ist mit einem alkoholkranken und mitunter auch gewalttätigen Vater aufgewachsen. Sie kennt solch unberechenbares Verhalten also nur zu gut. Sie ertrug und ertrug – auch in ihrer Partnerschaft.

Im ersten Jahr mit der kleinen Lena kam Anna an ihre Grenzen. Sie schlug Gerhard eines Tages vor, dass sie sich doch getrennte Wohnungen nehmen könnten, damit sie die täglichen Alltagsstreitereien nicht mehr haben würden und sich vielleicht somit auf einer ganz anderen Ebene neu würden begegnen können, nämlich so wie zu Beginn der Beziehung.

Sich allein mit dem Gedanken auseinanderzusetzen, kam für Gerhard überhaupt nicht in Frage. Die finanzielle Abhängigkeit von ihrem Mann ließ Anna in einer von Streit, Ohnmacht und zunehmend auch Hass geprägten Beziehung verharren, bis es schließlich wirklich nicht mehr ging. Der Leidensdruck in der Beziehung war größer geworden als die panische Angst vor dem Ende. Anna hatte wochenlang nicht schlafen können, weil ihre Gedanken dauernd um ihre ungewisse Zukunft mit der kleinen Lena kreisten: Wie sollte sie das Leben allein mit einem Kleinkind bewältigen? Sie müsste sich einen Job suchen, eine Wohnung finden – als Alleinerziehende! Und ein Betreuungsplatz für das Kind kam einem Sechser im Lotto gleich … Schon der Gedanke an all das überforderte sie. Dennoch entschloss sie sich eines Tages mutig zur Trennung.

Nach einem Jahr hatte sie sich an ihr neues Leben ohne Gerhard gewöhnt – und das war bei Weitem nicht so schlimm, wie sie es vorher befürchtet hatte.

Sie haben immer eine Wahl

Ich höre von solchen Problemen fast täglich in meiner Praxis: Einer ist unzufrieden mit der Sexualität, mit dem Zusammenleben – kurz: unglücklich in der Beziehung. Und dann fällt fast zwangsläufig der Satz: „Aber ich habe ja keine Wahl …“

Doch, die haben Sie. Wir haben praktisch immer eine Wahl! Allerdings gefallen uns oft die Auswahlmöglichkeiten nicht. Man könnte sich trennen – oder den Partner so nehmen und akzeptieren, wie er nun mal ist, mit all seinen Facetten. Da viele Menschen von Verlust- und Veränderungsängsten geleitet sind, scheuen sie vor einer Trennung zurück. Hinzu kommt die Scham vor dem Versagen oder Scheitern. Und so halten viele aus, weiter und weiter … Insgeheim hoffen sie auf ein Wunder, während das Leben an ihnen vorbeizieht …

Verabschieden Sie sich von falschen Idealen!

Die meisten Menschen haben eine sehr eigenartige Vorstellung von romantischer Liebe im Kopf: Es gibt den einen Partner für immer und ewig – und am besten soll mit dem alles von Anfang an einfach funktionieren, ohne dass man viel von sich preisgeben, etwas ausdiskutieren, Auseinandersetzungen aushalten muss … Denn diese einzigartige Liebe generiert sich praktischerweise von ganz allein, sobald man den Menschen trifft, der für einen bestimmt ist.

Meist bemerken Menschen natürlich in einer Beziehung, dass es – spätestens nach dem Abklingen der ersten großen Verliebtheit – so einfach nicht funktioniert mit Beziehung und Partnerschaft. Schnell wird klar: Wenigstens einer der beiden möchte etwas verändern, ist aber in der Regel nicht bereit, auch die Konsequenzen auszuhalten, nämlich entweder gemeinsam an der Beziehung zu arbeiten oder eine mögliche Trennung auszuhalten, wenn man eben einfach gar nicht miteinander kann. Viel lieber möchte man doch da den anderen dazu bringen, sich zu verändern. Das klappt nie, denn ändern kann ein Mensch immer nur sich selbst, keinen anderen.

Da das mit dem Ändern also auch nicht klappt, machen viele Menschen dann einfach innerhalb der Beziehung immer mehr Abstriche. Sie geben eigene Wünsche, Vorstellungen und Bedürfnisse auf. Schließen faule Kompromisse, statt ihrem Herzen zu folgen, und werden immer unzufriedener.

Viele Menschen halten das dennoch lange aus, manche sogar lebenslang. Nörgelnd bleiben sie in einer Beziehung, die sie unglücklich macht. Schieben die Verantwortung und Schuld dem Partner zu. Und trennen sich vor allem deshalb nicht, weil sie Angst haben, das Leben allein nicht meistern zu können.

Die meisten stellen nach einer Trennung dann fest: Sie können es sogar sehr gut! Viele entdecken und bilden dadurch neue Ressourcen, von denen sie vorher gar nichts wussten.

STELLEN SIE SICH EINE FRAGE...

Was hält Sie als Paar zusammen, was verbindet Sie – und wofür achten Sie Ihren Partner?

Trennung: große Herausforderung – und dennoch eine Chance

Es ist natürlich immer traurig für alle Beteiligten, wenn eine Trennung unumgänglich ist. Manchmal sind sich beide einig, dass es gemeinsam nicht zu schaffen ist. Aber häufiger ist es nur einer, der die Trennung wünscht. Es braucht von beiden Seiten ein Ja, um zusammenzubleiben – aber ein einzelnes Nein reicht für eine Trennung.

ZUM AUSPROBIEREN

Durchleben Sie den Schmerz der Trennung

Wenn ein Paar möchte, kann es auch ein Trennungsritual durchführen, das bieten viele Paartherapeuten an. So kann es die Beziehung als gemeinsame Zeit gewürdigt und wertgeschätzt werden. Für solch ein Trennungsritual sollte erst eine gewisse Zeit vergehen, damit die ersten Wogen geglättet sind und mit einem gewissen Abstand auf die Beziehung geblickt werden kann. Dann können sich die beiden sagen, was gut war, was sie vielleicht vermisst haben, welche Verletzungen es gab, was wer wem nicht geben konnte, aber auch, was wer wem gegeben hat.

Sich dem Schmerz einer Trennung tatsächlich zu stellen, ist sehr traurig und oft fließen dabei viele Tränen – aber das ist in meinen Augen ein absolutes Muss! Trennung braucht einen Trauerprozess und unterdrückte Trauer holt einen irgendwann ein. Sie kommt wie ein Bumerang zurück, dann häufig unerwartet und um ein Vielfaches stärker. Leider neigen wir in unserer Kultur dazu, Trauer zu verdrängen, weil es kein angenehmes Gefühl ist. Schnell, schnell soll es vorbei sein, nicht mehr wehtun und man soll wieder gut funktionieren. Die meisten wollen sich einfach nur betäuben, mit Arbeit, Ablenkung, exzessivem Sport, nicht selten auch gleich mit einer nächsten Beziehung.

Ich finde es sehr wichtig, sich mit dem Abschied von einer Beziehung und einem Menschen zu befassen. Nur wenn ich etwas gut abschließe, kann ich für Neues offen sein. Das braucht seine Zeit – die darf und muss man sich auch nehmen.

IDEEN FÜR DIE PRAXIS: Zurück ins Leben kommen

Wenn Sie eine Trennung durchgestanden haben, hilft es Ihnen vielleicht beim Neuanfang, Dinge auszuprobieren, die Sie vorher nicht getan haben.

Ein neuer Anfang …

Man kann etwas ausprobieren, das man lange nicht gemacht hat, oder etwas, das man schon immer mal tun wollte. Ich habe mir beispielsweise nach einer schmerzlichen Trennung meinen Traum erfüllt und habe angefangen, Klavier zu spielen. Das ist ein tolles Hobby und ich verbringe viel Zeit mit mir selbst.

Genießen Sie Zeit mit Freunden
Sehr wichtig während und nach einer Trennung ist das soziale Umfeld. Pflegen Sie Ihren Freundeskreis (auch während Sie in einer Beziehung sind!). Freunde sind für einen da, wenn es einem schlecht geht, fangen auf und hören zu – und überdauern oft so manche Partnerschaft.

Nehmen Sie sich Zeit für sich

Etwas, das viele Menschen unterschätzen, ist die Zeit nach einer Trennung. Jetzt können Sie viel über sich lernen. Geben Sie sich die Zeit und Gelegenheit dafür – vor allem für sich selbst. Stürzen Sie sich nicht sofort in die nächste Beziehung, um den Schmerz zu betäuben oder um sich oder anderen etwas zu beweisen. In der Regel haben uns kritische Lebensthemen eingeholt, wenn eine Beziehung zerbricht. Solange wir uns damit nicht auseinandersetzen, werden diese Themen in etwas anderer Gestalt in einer neuen Beziehung wieder auftauchen. So lange, bis wir uns ihnen stellen.

ÜBUNG: Was lehrt mich meine vergangene Beziehung?

Sich mit einer Trennung auseinanderzusetzen könnte so aussehen, dass Sie sich mit folgenden Fragen beschäftigen – tun Sie das ruhig schriftlich, vielleicht mit einem Tagebuch? Beim Schreiben klären sich viele Gedanken, die sonst im Kopf gefangen bleiben und dort endlos weiter kreisen.

Fragen Sie sich:

- Mit welchen Themen hat Ihr Partner – und die Beziehung mit ihm – Sie konfrontiert? Wenn es Ihnen schwerfällt, diese Frage zu beantworten, hilft es Ihnen vielleicht, sich zu fragen: Was hat Sie an ihm am meisten aufgeregt?
- Was haben Sie am anderen bewundert? (Das sind oft Eigenschaften, die man selbst auch gern hätte, also noch entwickeln könnte.)

- Was wollten Sie anfangs, als Sie noch sehr verliebt waren, an Ihrem Partner oder an der Beziehung nicht wahrhaben oder bemerken? Was haben Sie ausgeblendet und ignoriert, weil Sie glaubten, das würde sich schon noch ändern (lassen)?
- Haben Sie Ihre Erwartungen an die Beziehung zurückgeschraubt, weil Sie zum Beispiel Angst hatten, niemanden mehr „abzubekommen"? Haben Sie sich vielleicht auch eingeredet, dass Sie bestimmt zu hohe Ansprüche haben?
- Hat sich im Laufe der Beziehung der Partner deutlich anders gezeigt, als anfangs gedacht? Haben Sie sich anders verhalten als zu Beginn der Beziehung? Inwiefern?
- Was haben Sie sich von Ihrem früheren Partner erhofft?
- Was glaubten Sie, durch ihre Beziehung zu bekommen oder zu gewinnen?

Setzen Sie sich in Ruhe mit solchen Fragen und den Antworten darauf auseinander. Das wird Ihnen für Ihre eigene Entwicklung helfen und auch in jeder Beziehung, die Sie später im Leben eingehen werden.

Langsamkeit ist ohnehin viel zu oft unterbewertet – auch in dieser Situation! Nehmen Sie sich die Zeit, die Sie brauchen. Diese Zeit ist eine Investition in sich selbst, in Ihre eigene Zukunft.

Ein neuer Start

Über kurz oder lang lernen die meisten Menschen nach einer Trennung schließlich wieder einen neuen Partner kennen und verlieben sich wieder.

Manche möchten das jedoch geradezu erzwingen. Gehören Sie dazu? Wenn ja, warum? Viel zu häufig entsteht ein Partnerwunsch nicht deshalb, weil man Liebe in sich trägt, die man jemandem zuteilwerden lassen möchte, sondern um selbst GELIEBT ZU WERDEN, um nicht allein zu sein. Manche Menschen stürzen sich auch rasch in eine Beziehung, um sich durch einen Partner aufzuwerten oder weil sie jemanden suchen, der sie heilt – gerade nach einer frischen Trennung.

Auf zu neuen Ufern!

ZURÜCK *zu Anna*

Anna (siehe ab Seite 113) hatte sich Zeit gelassen, bevor sie eine neue Beziehung suchte. Sie war erst einmal froh gewesen, dass sie sich in ihrem neuen Leben eingerichtet hatte. Sex, so gestand sie mir, fehlte ihr überhaupt nicht. Den Sex mit ihrem Exmann Gerhard beschrieb Anna als einfallslos, schematisch, unromantisch und eher als dazugehörendes Übel. Vor ihrer Ehe hatte sie nur eine mehrjährige Beziehung gehabt, in der die Kommunikation und der Spaß am Sex ebenfalls sehr eingeschränkt gewesen waren. Was ein Orgasmus war, kannte Anna nur vom Hörensagen. Sie war sich deshalb sicher: „Sex ist absolut überbewertet." Und dann lernte sie Clemens im Internet kennen. Anna hatte sich im Internet auf die Suche nach einem neuen Partner gemacht – und war von Clemens gefunden worden, ebenfalls frisch geschieden und seit Jahren nahezu ohne Sex.

Die beiden schrieben sich über eine längere Zeit. Als sie sich zum ersten Mal trafen, war sofort auch eine körperliche Anziehung da. Clemens wusste, was er wollte. Er nannte die Dinge beim Namen, im Gegensatz zu Gerhard, der gar nicht viel gesprochen hatte.

Hinzu kam, dass sowohl Anna als auch Clemens viel nachzuholen hatten: Sie hatte wie gesagt vorher nie beglückenden Sex erfahren, er hatte in seinen immerhin 18 Ehejahren ab Zeugung des gemeinsamen Kindes absolut ohne Sex und Intimität mit seiner Frau gelebt hatte. Die beiden waren das klassische „gute Team", lebten quasi in einer WG miteinander. Clemens hatte seine Sexualität während seiner Ehe hauptsächlich mit Prostituierten gelebt. Ab und zu ging er in Swingerclubs, wovon seine Frau nichts wusste – zumindest wurde nie darüber gesprochen. Die Trennung erfolgte punktgenau, als der gemeinsame Sohn die Schule beendete und zum Studieren in eine andere Stadt zog.

Anna erlebte sich in der Beziehung zu Clemens auf eine Art und Weise, die sie nie für möglich gehalten hätte und es gab kaum etwas, was die beiden nicht ausprobierten. Dabei hatte sie doch geglaubt, Sex nicht zu brauchen!

Für sie war es wie ein Erwachen aus einem langen Dornröschenschlaf. Clemens' offener Umgang mit seiner Sexualität berührte sie so sehr, dass es ihr leichtfiel, sich ebenfalls völlig zu öffnen. Ihre Verletzbarkeit zu zeigen, machte ihr bei Clemens keine Angst, denn sie fühlte sich „in guten Händen".

Bleiben Sie miteinander im Gespräch – von Anfang an

Zu Beginn jeder neuen Beziehung steht das Verstehen ohne Worte, denn jetzt spricht die Leidenschaft eine deutliche Sprache. Verliebt! Wenn wir ehrlich sind, möchten wir gern ewig in diesem Zustand schwelgen – nicht mehr essen, nicht mehr schlafen, alles um sich herum vergessen ...

Wichtig ist dennoch, dass Sie von Anfang an darauf achten, miteinander in Kontakt zu bleiben. Nicht nur auf körperlicher Ebene, sondern auch emotional und in Ihrer Kommunikation. Drücken Sie nichts weg, was gerade nicht ins idealisierte Bild passt. Stehen Sie zu dem, was Sie sich wünschen. Jetzt haben Sie die Chance, Ihre Beziehung aktiv zu gestalten!

» *Zeigen Sie sich so, wie Sie tatsächlich sind.*

Werden Sie sofort aktiv, wenn Sie merken, dass etwas schiefläuft. Und stehen Sie zu sich selbst. Ganz ehrlich: Warum sollte jemand denn dem anderen nicht sagen, wie er es gerne hätte – ob beim Sex oder sonst im Leben? Was ist daran schlimm? Würde man selbst das nicht auch als Hilfe oder Unterstützung empfinden? Um ein Beispiel zu bringen: Falls Sie Vegetarier sind, würden Sie das einem neuen potenziellen Partner verschweigen, weil der Ihnen dann gleich wieder den Rücken zukehren könnte? Und würden Sie dann ein Leben lang so tun, als ob Sie Fleisch mögen? Das ist leider gar nicht so abwegig, wie es klingt: Ich lerne tatsächlich immer wieder Menschen kennen, die schon zu Beginn einer Beziehung nicht in der Lage waren, dem anderen zu sagen, dass sie Segeln, Wandern, Paragliding, Mountainbiken, Walken … überhaupt nicht mögen, sondern die stattdessen so taten, als wäre es ihr sehnlichster Wunsch, genau das zu lernen. Die meisten tun das, um jeden Unterschied zu leugnen und möglichst viele Gemeinsamkeiten zu schaffen. Eine fatale Entscheidung, denn früher oder später werden einem diese „kleinen Lügen" zum Verhängnis.

Das erste Mal

Fremde Haut, fremde Berührungen, fremde Vorlieben, fremder Körper – kaum etwas ist so aufregend wie der erste Sex mit einem neuen Partner. Andererseits birgt diese Situation auch Potenzial für Enttäuschung und Unsicherheit. Wichtig ist allein, nichts zu überstürzen – und nicht allzu viel planen. Möglichst wenig denken und schon gar nicht für den anderen! In Gedanken alles bis ins Detail durchzuspielen, sorgt eher für Verkrampfung als für Ekstase. Prickelnde Gedanken und ein bisschen Kopfkino sind natürlich erlaubt, bevor es zum Äußersten kommt.

Also: Bleiben Sie entspannt. Das erste Mal darf auf jeden Fall unperfekt sein. Genießen Sie einfach das, was schön ist, und geben Sie dem anderen Hinweise auf das, was Sie sich wünschen: Teilen Sie mit, was für Sie besonders sexy war, ohne alles andere dabei abzuwerten.

Übrigens: Die wenigsten Männer sprechen das Thema „Verhütung" an. Holt er also ganz selbstverständlich ein Kondom aus der Tasche, bekommt er schon mal Pluspunkte. Falls nicht: Tun Sie es – sorgen Sie für sich!

Auf zu neuen Ufern!

ZURÜCK *zu Anna*

Und wie ging es mit Anna und Clemens weiter? Nach 1½ Jahren ging die Beziehung zwischen den beiden zu Ende. Anna sagt heute: „Cle-

mens hat mich sexuell quasi wachgeküsst. Durch ihn fühlte ich mich zum ersten Mal in meinem Leben als begehrte und noch viel wichtiger: als begehrende Frau."

Das Fundament ihrer Beziehung war Sex und nach einem intensiven Jahr merkte Anna, dass es für eine tragfähige Beziehung noch viele andere Dinge brauchte als Sex, der die hauptsächliche Gemeinsamkeit der beiden war.

Clemens, der von dem Gefühl angetrieben war, 18 verlorene Jahre nachholen zu müssen, besuchte weiterhin Swingerclubs, wie Anna feststellen musste. Diese extreme Übersexualisierung der Beziehung wollte sie auf Dauer nicht mehr leben und entschied sich nach ihrer eigenen sexuellen Identitätsfindung zur Trennung. Geheilt durch die Beziehung zu Clemens.

Fazit: Auch wenn diese Beziehung nicht dauerhaft war, so hat sie Anna doch viel gegeben und ihr geholfen, sich selbst ein großes Stück näher zu kommen. Diese Beziehung hatte sozusagen einen Heilauftrag und war für diese Dauer angelegt.

Magische Momente

Ich bin fest überzeugt, dass es nicht nur den *einen* passenden Partner für jeden von uns auf diesem Planeten gibt. Und so kann es auch passieren, dass sich Frauen (und Männer) verlieben, obwohl sie in einer festen, insgesamt glücklichen Partnerschaft sind.

Ich möchte fast sagen, das kennt jeder: Und ich spreche absolut nicht von Seitensprüngen oder Affären. Sondern nur von dem Erlebnis, einen anderen Menschen kennenzulernen, zu dem man sofort eine innige und auch erotische Bindung spürt. Ohne dabei unbedingt über einen Flirt hinaus gehen zu müssen …

Jeder Mensch kann sich jederzeit aus jeder Situation heraus verlieben. Und was machen wir dann? Ich schlage vor, Sie nutzen zunächst das kreative und erotische Potenzial, das dabei entsteht, ganz für sich.

Die Gedanken sind frei – oder?

MEINE KLIENTIN
Eva (49) verheiratet, zwei fast erwachsene Kinder

WARUM SIE BEI MIR IST: *Eva hat sich verliebt – und das, obwohl sie doch eine glückliche Ehe führt. Jetzt hat sie ein Problem – und darüber will sie reden.*

Als Eva zur ersten Therapiestunde kam, war ich sehr gespannt. Sie erzählte: „Es passierte vor drei Monaten. Dazu muss ich sagen, dass ich damals wie heute rundum glücklich bin: Seit zwanzig Jahren verheiratet, zwei fast erwachsene Kinder und jetzt auch noch erfolgreiche Geschäftsfrau. Die kleinen Höhen und Tiefen der letzten Jahre im Leben und in meiner Ehe waren vergessen und meine Beziehung mit Jan ist gerade richtig schön. Ich bin im Reinen mit mir – oder war es bis vor drei Monaten", versucht sie zu erklären. „Zum ersten Mal seit langer, langer Zeit fühlte ich mich rundum wohl, war zufrieden mit mir und meinem Leben. So sollte es bleiben."

Evas beruflicher Neustart hatte auch ihren Mann angespornt, noch einmal etwas mehr zu wagen, und so kam es, dass er seine Frau bat, ihn auf ein Seminar-Wochenende zu begleiten. Eva lehnte zuerst ab, Jan insistierte: „Ich habe da einen neuen Auftraggeber an der Angel. Harter Kerl. Vielleicht kannst du ihn ja überzeugen, dass ich der richtige Mann für den Job bin. Ach bitte, komm doch mit!"

Also fuhr Eva mit zum Seminar-Wochenende. Mit gebotener Langeweile richtete sie sich im luxuriösen Zimmer des Wellness-Hotels ein und ging schließlich hinunter in die Bar, wo ihr Mann schon auf sie wartete. Doch Jan war nicht allein, neben ihm saß ein Mann, beide waren ins Gespräch vertieft. Als sie aufschauten, durchfuhr Eva, wie sie es nennt, „ein Blitz aus heiterem Himmel." Sie erzählt: „Ich sah ihn, er sah mich – und die Welt blieb einfach stehen. So etwas habe ich in meinem ganzen Leben noch nicht erlebt."

Nur dumm, dass Evas Mann diese Szene miterlebte. „Das war wie im Film. Allerdings einer mit einem dummen Drehbuch und einem ganz schlechten Timing."

Das Wochenende im Seminar-Hotel wurde zum Höllentrip.

„Die Spannung zwischen mir und ihm war kaum zu ertragen – und sie wurde natürlich noch verstärkt durch den Kitzel des Verbotenen."

Eva und dieser Mann hatten nie Sex miteinander, doch ihre Beziehung war Erotik pur und Kopfkino vom Feinsten. Sie haben nur vier Wochen ihre Verliebtheit genossen. Dann beendete er diese „Beziehung", kehrte auch gedanklich und mit seinen Gefühlen zurück zu Frau und Kindern. Zumindest sagte er das.

Eva konnte den Verlust der unverhofften Verliebtheit nur schwer verkraften. Doch durch die Gespräche mit mir gelang es ihr schließlich, die Erinnerung zu bewahren und diese „Affäre" zu nehmen als das, was sie war – ein Geschenk.

Erinnerungen sind das Schatzkästchen unseres Lebens. Dort sammeln wir alles, was wichtig war: den ersten Kuss, das erste Mal... Der Vorteil daran ist, dieses Schatzkästchen gehört nur uns allein. Und immer, wenn wir hineinblicken wollen, können wir uns diese einzigartigen „magic moments" unseres Lebens wieder ins Gedächtnis holen und so noch einmal durchleben. Diese magischen Momente können sogar ein Schlüssel zu unseren verborgenen Wünschen, Sehnsüchten und Fantasien sein.

In Evas Fall machte ihr die kurze Verliebtheit deutlich, dass sie ihr Potenzial an Emotionen, erotischen Wünschen und sexuellen Fantasien noch nicht annähernd ausgeschöpft hatte, obwohl sie in einer glücklichen Beziehung lebt. Aus der Erfahrung der Verliebtheit wurde ein sexueller Befreiungsschlag, der sich – obwohl erst einmal schmerzhaft – sehr erotisierend auf die Partnerschaft mit Jan auswirkte. Heute hat Eva den Mut zu sagen, wie sie es gern hätte – und geht mit Fantasie und Kreativität völlig neu auf die Lust zu. Und genau dazu möchte ich Sie auch ermutigen: Schöpfen Sie alles aus, denn dazu ist das Leben da!

Kapitel 8

Als ausgiebiges Nachspiel: Wortspiele, Leidenschaft, erotische Abenteuer … mehr von allem!

Hintergründiges zum Thema Sex und Kommunikation haben Sie nun schon einiges gelesen – in diesem Kapitel finden Sie deshalb vor allem noch mehr Anregungen und Ideen, mit denen Sie Ihr Sexleben revolutionieren können! Ob Sie lieber sprechen, zeigen, malen, lesen, spielen oder mit allen Sinnen begehren – auf den folgenden Seiten ist für jeden etwas dabei.

Vielleicht haben Sie sich – unterwegs in diesem Buch – hin und wieder doch noch gefragt: Wie finde ich nun heraus, was mein Partner will? Wie schaffe ich es, offen für einen wirklichen Neustart zu werden? Die Antwort ist einfach: indem Sie über die Hürde springen, die Ihre „Bequemzone" von der „Selbstbestimmtheitszone" trennt.

Gehen wir davon aus, dass Sie durch die zahlreichen Anregungen in den vorhergehenden Kapiteln schon reichlich Appetit auf Sex und Erotik bekommen haben. Gehen wir weiter davon aus, dass Sie es kaum noch erwarten können, Ihren Partner aufzufordern: „Ich will Sex! Und was willst du?"

Es kann sein, dass es bereits beim ersten Gesprächsversuch funkt. Es kann aber auch sein, dass Ihr Partner Sie eher verwirrt als erotisiert anschaut. Aber ganz sicher ist: Nur wenn Sie es versuchen, haben Sie die Chance, etwas zu erreichen!

Erotik für Verbalakrobaten

Selbst in glücklichen Beziehungen fällt es vielen schwer, zu sagen, was sie sich in der Sexualität wünschen. Aus meiner Erfahrung als Therapeutin kann ich nur sagen: Reden Sie! Denn wenn Sie nicht über Sex reden, werden Sie bald auch keinen mehr haben. Und ruhen Sie sich nicht darauf aus, dass Seufzen oder Stöhnen ausreichen, um Lust dauerhaft zu kommunizieren. Nonverbale Begeisterung zu zeigen ist toll – aber nicht ausreichend.

Um es bildlicher zu machen: Versuchen Sie doch einmal, mit einem ähnlich eingeschränkten Wortschatz, wie Sie ihn beim Sex nutzen, allein das Sonntagsfrühstück mit Ihrem Partner zu überstehen, ohne dass es zu Streit und Missverständnissen kommt. Da sagen Sie doch auch ganz deutlich, ob Sie Kaffee oder Tee möchten, statt Ihrem Schatz vielversprechend zuzuzwinkern oder aufzustöhnen, oder?

Das ist wichtig

- Sexy zu reden bedeutet, provokant, verlockend, stimulierend und verführerisch zu sein. Und: ohne Befangenheit das auszusprechen, was Sie sich wünschen, das zu sagen, was Sie fühlen, und Ihren Partner dadurch zu inspirieren, dasselbe zu tun. Erotisch zu sprechen bedeutet, viel mehr Vergnügen und Genuss im Bett zu haben und noch mehr Leidenschaft zu erleben.
- Eine neue Kommunikationsebene zu finden ist das Ziel, erotisches Sprechen zu lernen ein Weg dorthin. Auch wenn Sie bisher noch nie oder kaum so gesprochen haben. Lernen Sie nun offen auszusprechen, was Sie empfinden, was Sie sich wünschen.
- Fallen Sie nicht mit der Tür ins Haus: Erzählen Sie Ihrem Partner auf jeden Fall von Ihrem Wunsch nach intensiverem, leidenschaftlicherem, zärtlicherem, für beide aufregenderem Sex – miteinander. Oder drücken Sie ihm einfach dieses Buch in die Hand.

- Seien Sie kreativ – schließlich wollen Sie Ihrem Partner mit dem Bettgeflüster ein Feedback dazu geben, was Ihnen gefällt, oder ihm sagen, was Sie unbedingt als Nächstes wollen. Wie auch immer: Jedes Paar muss seinen eigenen Sexwortschatz kreieren – denn was für den einen fast päpstlich klingt, ist für den anderen schon viel zu derb. Es ist eben wie mit dem Musikgeschmack – der eine mag Heavy Metal, der andere hört lieber Schlager.
- Mit ein bisschen Übung merkt man so sehr schnell, was dem Partner gefällt und was nicht. Manchmal finden Sie es vielleicht erst dann heraus, wenn Sie schon mittendrin sind in der Situation: Reagiert er statt mit einem lang gezogenen „Jaaaa!" oder wildem Stöhnen nur noch mit einem verunsicherten „Aha?!" oder gar nicht? Dann versuchen Sie es mit einer neuen Idee …
- Verbal-Erotik kann Ihrem Sexualleben neue, ungeahnte Impulse verleihen, unter Umständen werden dadurch Sehnsüchte an die Oberfläche gebracht und verborgene Leidenschaften geweckt. Wenn Sie mit Ihrem Partner erotisch sprechen können, erfahren Sie Sex ganz anders.

IDEEN FÜR DIE PRAXIS: verführerische Sprache …

Die verbale Kommunikation unter Paaren beim und über den Sex wird häufig unterschätzt. Die Dinge beim Namen zu nennen ist wirklich nichts für Feiglinge. Doch es lohnt sich! Der Anfang mag Überwindung kosten, aber wenn Sie einmal damit begonnen haben, wird es leichter: Flüstern, befehlen, raunen und versprechen Sie! Probieren Sie sich aus!

Werden Sie zum Regisseur

Gutes erotisches Bettgeflüster hat seine eigene Dramaturgie, seine bevorzugten Satzkonstruktionen. Dazu gehören *Aufforderungen* („Fass mich fester an, jaaa, fester!"), *Feststellungen* („Oh, siehst du so geil aus") und ab und an auch mal *rhetorische Fragen* („Du willst jetzt kommen? Ja? Soll ich das zulassen?"). Noch mehr Anregungen finden Sie ab Seite 76.

Den schönen Worten Zeit lassen

Wenn Sie Sätze sagen wie „Ich will dich ..." – Pause – „in mir spüren", erhöht das Zögern die Spannung beim anderen ... und das noch nicht Gesagte stimuliert die Fantasie enorm. Und: ein direkter Blick in die Augen des anderen macht die Verbalerotik noch viel verführerischer.

Abwechslung ist Trumpf

Konkrete Ansagen helfen. Der Imperativ ist deshalb gut (siehe auch Seite 77) – das bedeutet aber nicht, dass Sie Ihrem Partner nur noch Kommandos geben. Ebenso läuft es mit Dirty Talk, auch das ist nur eine Variante der Verbalerotik. So erregend unverblümte Aufforderungen wie „Mach's mir!" beim Sex sein können – auf Dauer zählt Abwechslung und Überraschung.

Bereichern Sie Ihren erotischen Wortschatz immer weiter und lesen Sie viel: Romane, Zeitungen, Synonymwörterbücher ... So wird es Ihnen leichtfallen, ein Wort wie „geil" durch „berauschend" oder „ekstatisch" zu ersetzen.

Schaffen Sie erotische Bilderwelten

Ups, vor Schreck haben Sie gleich gar keine Idee mehr? Malen Sie Ihrem Partner aus, wie Sie ihn heimlich in den Nebelschwaden eines Dampfbades verführen, bei einer zärtlichen Massage überwältigen oder leidenschaftlich in der Dusche überrumpeln. Sie werden sehen: Erotische Bilderwelten beflügeln die Fantasie mehr als Regieanweisungen.

Leise Überraschungen

Flüstern Sie Ihrem Schatz doch mal ganz leise süße oder provokante Sätze ins Ohr: „Ich weiß genau, wie du aussiehst, wenn du kommst." oder „Wenn du mich jetzt streichelst, kann ich für nichts mehr garantieren." Wenn diese Worte im heimischen Schlafzimmer gesprochen werden, ist das schon mal ein Anfang. Noch mehr

Spannung entsteht, wenn man es an ungewohnten Orten und aus heiterem Himmel über die Lippen bringt. Dann kann's der Anfang einer wunderbaren neuen Geschichte sein …

Finden Sie Worte

Nehmen Sie Stift und Zettel zur Hand und schreiben Sie alle Begriffe auf, die Ihnen für Vagina, Brüste, Po oder Penis einfallen. Dann markieren Sie die, die Ihnen am besten gefallen. Was gefällt, kommt in der Regel auch leichter über die Lippen. Das können Sie übrigens auch zu zweit probieren: Mit dem erotischen Wörterbuch vielleicht (siehe Seite 145)?

Sprechen Sie's aus!

Nehmen Sie sich Ihre Wort-Liste nochmal vor und üben Sie jedes einzelne Wort: Flüstern Sie es in jeder möglichen Betonung und Stimmlage, werden Sie dabei langsam immer lauter. Besonders viel Aufmerksamkeit widmen Sie am besten Ihren Favoriten. Die können der Soundtrack für Ihren Sex werden!

Meine Sprache – deine Sprache

Falls Sie feststellen, dass Ihr Partner auf einige Ihrer verbalen Ideen nicht so abfährt, wie Sie es gern hätten, loten Sie doch einfach einmal spielerisch mit dem Rot-Grün-Spiel aus, welches Vokabular beide scharf finden. Jeder sagt seine Begriffe – und bekommt vom anderen jeweils die grüne oder rote Karte gezeigt. Diese unverkrampfte (Vor-)Manöverkritik macht sogar Spaß – und heizt die Stimmung an.

Spiel mit der sprachlichen Distanz

Wenn Sie mit Rollenspielen liebäugeln, sich aber bisher noch nicht so recht getraut haben, ist diese Idee vielleicht ein Weg, es miteinander auszuprobieren: Schon durch Veränderungen im Sprachstil können Sie eine ungewohnte Distanz oder neue Rollen ins Liebesspiel bringen: Siezen Sie den anderen oder sprechen Sie betont sachlich. So etwas heizt manchmal ganz schön die Lust an – Spaß bringt es auf jeden Fall!

Von Herzen lieben …

Viele Paare, die schon länger zusammen sind, finden sich damit ab, dass der Sex nicht mehr so ist, wie er mal war. Nicht mehr so prickelnd, nicht mehr so aufregend, nicht mehr so oft …

Man einigt sich stillschweigend auf die Abfolge und die Möglichkeiten, die – im Idealfall beide – am schnellsten befriedigen und keinen von beiden irritieren. Was vergessen wird, ist, dass sich echte Liebe auch im Sex ausdrückt. Und dass tatsächliche Verbundenheit die Voraussetzung dafür ist, wirklich innigen Sex zu erleben. Eine solche Verbundenheit erreichen Sie nur, wenn Sie wirklich von Herzen miteinander kommunizieren (siehe auch ab Seite 57). Wie Sie das unterstützen können? Mit den folgenden Spielen, Anregungen und Ideen!

IDEEN FÜR DIE PRAXIS: einander innig annehmen

Wenn Sie den anderen nicht nur an und in Ihren Körper, sondern auch in Ihre Seele lassen, entsteht tiefste Innigkeit, eine neue Dimension. Manchmal bekommt Sex dann etwas geradezu fantastisch Fließendes. Sie öffnen sich ganz selbstverständlich, lassen sich nur von Ihrer Lust leiten. Man erreicht diesen besonderen Zustand, indem man beim Sex über Blicke, Mimik, Sichmitteilen eine „Brücke" baut.

Geben Sie Kontrolle ab

Probieren Sie aus, wie es sich anfühlt, dem anderen die komplette Kontrolle zu überlassen – lassen Sie sich fesseln. Am besten mit einem Seidentuch, so bleibt es ein sanftes Spiel. Sie verkrampfen schon beim Gedanken daran und fühlen sich unbehaglich?

Das geht vielen Frauen so und ist lediglich ein Hinweis darauf, dass Sie vermutlich beim Sex unter leichter Daueranspannung stehen, eine unterbewusste „Habachthaltung" einnehmen und skeptisch beobachten, was wohl als Nächstes passiert. Das bremst Ihre Leidenschaft und Hingabe – wahrscheinlich inzwischen schon ohne dass Sie es merken, weil Sie es gar nicht anders kennen. Sobald Sie Kontrolle abgeben, können Sie eine viel innigere Hingabe erleben, probieren Sie es ruhig aus.

Vielleicht hilft es Ihnen auch zu wissen, dass Denken und Fühlen nicht gleichzeitig funktionieren. Was ich damit sagen will: Das Fühlen führt Sie in den gegenwärtigen Augenblick. Die Gedanken dagegen in die Vergangenheit oder Zukunft.

Verbindende Umarmung

Diese Übung entwickelte David Schnarch, ein bekannter US-Sexualtherapeut.[8]

Stellen Sie sich einander gegenüber. Sie stehen fest auf beiden Füßen.

Legen Sie die Arme um den Partner, konzentrieren Sie sich dabei aber ganz auf sich selbst, Ihren Körper, Ihr Gefühl. Werden Sie nun ruhig, ganz ruhig. Umarmen Sie Ihren Partner so, wie es Ihnen behagt, aber spüren Sie auch, wie er gehalten werden will. Nun bleiben Sie so …

Bleiben Sie so lange in der Umarmung, bis sich bei beiden eine spürbare Entspannung einstellt. Sexuelle Erregung ist dabei weder wichtig noch erwünscht.

Sie erleben dabei unter anderem, ob einer von Ihnen sich bei großer körperlicher Nähe verspannt oder zurückzieht. Daran können Sie innere Blockaden und Ängste erkennen. Ziel ist, einen Zustand zu erreichen, in dem Sie sich gern vorstellen, so weiter zu verharren. Gleichzeitig können Sie durch häufiges Umarmen lernen, im engen Kontakt mit dem Partner zur Ruhe zu kommen, sich zu entspannen, seelische Verbindung mit ihm aufzunehmen, auch dann gelassen und im seelischen Gleichgewicht zu bleiben, wenn er es nicht ist. Das Gute: Wenn Sie einander hierin unterstützen können, lässt es sich auch auf den Sex übertragen.

Blockaden lösen lernen

Wenn Sie beim Sex blockierende Ängste spüren, können Sie die oben beschriebene Umarmung im Liegen versuchen oder Sie sagen sich innerlich ein Mantra auf. Beispielsweise: „Ich habe

Vertrauen – ich lasse mich fallen – ich gebe mich hin – es fühlt sich schön an …"

Die Augen öffnen

Die meisten Menschen haben vom ersten Kuss bis zum Orgasmus die Augen zu. Oft tut man das, um Empfindungen besonders intensiv auszukosten. Das ist absolut okay. Aber: Um mit dem Partner innig verbunden zu sein, sollten Sie die Augen auch immer wieder bewusst öffnen und einander ansehen.

Sprechen Sie mit Ihren Blicken. Lassen Sie Ihren Partner wissen: Ich will dich bei mir haben, in mir haben, dir nah sein. Wenn Blicke allein nicht genügen, ziehen Sie ihn näher zu sich heran, suchen Sie seine Nähe, seine Wärme …

ÜBUNG: Lassen Sie die Lust fließen

Die folgende Anregung setze ich gern in meiner Praxis ein.

- Hierfür liegen beide Partner nebeneinander. Beide entspannen sich zuerst etwas, vielleicht mit einer kurzen Meditation oder einer Atemübung (siehe ab Seite 28).
- Dann verändern Sie die Position zueinander: Einer bleibt in Rückenlage, der andere in Seitenlage, dem Partner zugewandt. Jetzt legt der Partner, der auf der Seite liegt, eine Hand auf den Bauch des anderen, und zwar unterhalb des Nabels.
- Nun versuchen beide, sich aufeinander und auf ihre Gefühle zu konzentrieren. Lassen Sie Liebe und Zuneigung fließen. Spüren Sie dem nach.
- Anschließend können Sie die Position tauschen, wenn Sie möchten.

Erotik als sinnliche Erfahrung

Wenn Sie dem Sex mehr Sinnlichkeit geben möchten, beziehen Sie auch alle Sinne ein: Das Sehen, Schmecken, Riechen, Hören und Fühlen. Das tun wir nämlich im Alltag oft nicht mehr, weil wir oft abschalten, um von den unzähligen Eindrücken, die auf uns einströmen, nicht überfordert zu werden. Das führt langfristig dazu, dass wir sinnliche Reize nicht mehr bewusst wahrnehmen. Wir gehen achtlos an Dingen und Menschen vorbei, ohne sie genau anzusehen. Wir schieben uns etwas in den Mund, ohne es genüsslich auszukosten. Musik und Geräusche gehen zum einen Ohr rein und zum anderen wieder raus. Gerüche und Düfte werden im Kopf gleich getrennt, zwischen wohltuend und abstoßend, ohne dass das Geruchsgedächtnis näher befragt wird. Und ja, wenn wir ehrlich sind, lassen wir uns oft sogar berühren oder küssen, ohne richtig *hinzufühlen.* Lernen Sie, sich für sinnliche Erlebnisse neu zu sensibilisieren.

IDEEN FÜR DIE PRAXIS: Sinnlichkeit genießen

Spielen Sie mit den Sinneseindrücken, um intensiver zu fühlen, entdecken Sie die Sinnlichkeit neu für sich!

Innehalten und genießen lernen

Riechen Sie an Lebensmitteln, kauen Sie bewusst langsam, versuchen Sie, jede Geschmacksnuance zu erfassen. Versuchen Sie sich zu erinnern, welche Gerüche mit welchen Erinnerungen verknüpft sind: Woran denken Sie, wenn Sie frisch gemahlenen Kaffee riechen oder den Duft von gemähtem Gras? Und wie steht's damit zwischen Ihnen und Ihrem Partner? Können Sie sich gut riechen? Würden Sie sein Aftershave (ihr Parfüm) unter hunderten sofort erkennen? Schmecken seine und ihre Küsse gut? Welche Assoziation entsteht dabei in Ihrem Kopf? Ist es angenehm, den anderen anzufassen? Und wo berühren Sie sich besonders gern?

Mit neuen Augen sehen

Betrachten Sie Ihren Liebsten einmal ganz in Ruhe, so als wäre er ein fremder Mensch, den Sie als unsichtbarer Beobachter wahrnehmen. Versuchen Sie dadurch eine erotische Spannung aufzubauen, achten Sie auf Einzelheiten. Erinnern Sie sich daran, welche Details am anderen Ihnen zu Beginn der Beziehung ganz besonders gefallen haben. Waren es die Hände, die Lippen, der Po? Wenn Sie Ihren Schatz als erotisches Wesen beschreiben sollten, was wären dessen größte Vorzüge?

Schärfen Sie Ihre Sinne

Wenn Sie eine Zeit lang bewusst ein oder zwei Sinne ausschalten, schärfen Sie die übrigen. So können Sie beispielsweise mit verbundenen Augen Ihren Partner viel besser hören als sonst, die Variationen des Seufzens, Stöhnens viel detaillierter wahrnehmen. Sie spüren ihn auch intensiver, wenn Sie ihn Stück für Stück ertasten. Spüren Sie, wie unterschiedlich sich die verschiedenen Hautregionen anfühlen. Diese Art des Fühlen wird noch intensiver, wenn Sie sich zusätzlich die Ohren verschließen. Dann werden Sie auch noch feinere Nuancen riechen und schmecken.

Verwöhne mich

Der eine trägt eine Augenbinde, der andere bietet ihm alle möglichen Sinnesreize (die er sich vorher zurechtgelegt hat) und lässt erraten, was es ist. Das können duftende Dinge sein oder kleine Häppchen zu essen. Sie können auch mit verschiedenen Materialien – weich, kratzig, hart, glitschig – den Tastsinn herausfordern. Eine schöne Idee ist es, wenn Sie sich mit Ihrem Partner zu diesem Spiel der Sinne verabreden und vorher jeder für sich auf die Suche nach geeigneten Hilfsmitteln gehen. Genießen Sie die Vorfreude darauf, wie der andere wohl verzweifelt zu erraten versucht, womit in aller Welt Sie ihn da gerade sanft streicheln …

Augen auf beim Sex!

Öffnen Sie Ihre Augen. Sehen Sie ihm ins Gesicht, während Sie stöhnen, erotische Worte austauschen oder ihn stimulieren. Das kann sich zuerst seltsam anfühlen, Willenskraft kosten, sogar verwirrend sein. Denn die entstehende Intimität kann so intensiv werden, dass man sie kaum noch aushält. Vielleicht ist auch Ihr Partner irritiert, fühlt sich beobachtet oder Ähnliches. Beruhigen Sie ihn dann, bitten Sie ihn, es auch einmal zu versuchen. Erwarten Sie nicht, dass er es sofort erwidert, man muss sich daran gewöhnen.

Einander erkunden
Selbst wenn Sie glauben, den Körper des Partners gut zu kennen, so gibt es doch stets auch Neues zu entdecken.

Einer von Ihnen legt sich entspannt hin (erst auf den Bauch, dann auf den Rücken), der andere wandert mit seiner Aufmerksamkeit und seinen Händen, der Zunge, den Lippen ... eine halbe Stunde lang von Kopf bis Fuß über dessen Körper und liebkost jede Stelle auf verschiedene Arten: Streicheln, Küssen, Knabbern, Massieren, sanftes Kneifen, was immer Ihnen einfällt.

Die Aufgabe des Liegenden: laufende Rückmeldung. Und zwar präzise: „mhhh, das fühlt sich gut an", „fühlt sich seeehr sexy an", „das ist kuschlig, aber nicht erotisch" ...

Danach ist der andere dran.

Mit Erotik und Fantasie den Alltag bunt machen

Um erotische Spielräume zu entdecken, braucht man Raum und Zeit – und deshalb manchmal auch Verabredungen. Sex nach Plan hört sich vielleicht ein bisschen merkwürdig an, ist aber höchst effektiv, um die Lust wachzuhalten. Die geht nämlich sonst schnell unter zwischen stressigem Job, arbeitsintensivem Haushalt, fordernden Kindern, ungebügelten Hemden ... Lassen Sie das nicht zu – verabreden Sie sich miteinander!

ÜBUNG: Ritual für mehr Sex

Falls Sie spüren, dass Sex in Ihrem Leben viel zu weit in den Hintergrund gerutscht ist und kaum noch stattfindet, probieren Sie dieses kleine Ritual aus.

Vereinbaren Sie einen Zeitraum miteinander – mindestens eine Woche, besser einen Monat oder länger –, in dem Sie jeden Tag Sex miteinander haben! Ohne Ausreden, sondern eine feste Abmachung, die gilt. Schauen Sie dann, wie es Ihnen dabei geht und wie sich das auf Ihre Partnerschaft auswirkt. Das Besondere daran ist die feste Vereinbarung und sich keine Schlupflöcher zu lassen, was im Alltag sonst leicht passiert.

IDEEN FÜR DIE PRAXIS: Lassen Sie die Funken durch den Alltag fliegen

Verlieren Sie auch im Alltag einander nicht aus den Augen – und auch nicht den gemeinsamen Sex. Nehmen Sie Ihre Beziehung wichtig und setzen Sie immer wieder Zeichen, damit Ihr Partner spürt, dass Sie ihn begehren und sich ein lebendiges Sexleben mit ihm wünschen! Das klappt am besten, wenn die Erotik mit liebevollen Gesten, Worten und Handlungen immer wieder in den Alltag eingeladen wird.

Schüren Sie die Vorfreude

Werden Sie ein Meister der kleinen Arrangements. Kündigen Sie dem andern am Morgen, wenn er das Haus verlässt, schon an, dass Sie am Abend von ihm vernascht werden wollen. Flüstern Sie ihm am Telefon ins Ohr, wie sehr Sie ihn vermissen und wie ungeduldig Sie auf den Abend warten. Der Abschiedskuss an der Haustür darf gern ein bisschen leidenschaftlicher als sonst ausfallen.

Lösen Sie ein erotisches „Kopfkino" beim anderen aus. Übertreiben Sie ruhig ein bisschen. Denn manchmal genügen wenige Gesten, damit man sich den ganzen Tag ausmalt, was am Abend wohl passieren wird.

Hinterlassen Sie geheime Botschaften

Mit einem Lippen-Fettstift oder Creme-Finger lassen sich viele nette „Schweinereien" machen. Malen Sie beispielsweise ein Herz oder schreiben Sie ein „Ich liebe dich" auf den Badezimmerspiegel oder werden Sie direkter … Sobald er morgens aus der Dusche kommt, wird er besonders interessiert in den Spiegel sehen …

Eine Nacht im Museum

Wäre das nicht aufregend? Falls das nicht gelingt, schlage ich einen gemeinsamen Museumsbesuch zu gewöhnlichen Öffnungszeiten vor, bei dem Sie sich gegenseitig die Bilder oder Skulpturen zeigen, die Sie als besonders erotisch empfinden. Natürlich funktioniert das Spiel auch weiterführend: Erklären Sie einander, *was* Sie an den Kunstwerken so erotisch empfinden oder was sie bei Ihnen auslösen. Beim Gespräch über Kunst kann man sich so stilvoll über Wünsche und Sehnsüchte austauschen.

Was wäre, wenn …

Moderne Internet- und Erotikportale haben schon ihren Reiz, warum sollten nicht auch Paare davon profitieren? Dabei gibt es verschiedene Spielvarianten: Beide melden sich an, verraten sich aber nicht, unter welchem Pseudonym und mit welcher Personenbeschreibung. Nun könnten beide versuchen, das Profil des anderen ausfindig zu machen. Oder man verbandelt sich „ganz offiziell" auf solch einem Portal und nutzt es für erotische Chats … Natürlich können Sie auch Facebook oder Möglichkeiten wie What's-App nutzen, um auf diese Art „im Gespräch" zu bleiben.

Erotisierend ist dabei schon die Vorstellung: Was wäre, wenn wir uns nochmal neu kennenlernen würden?

Badespaß

Bestes Geräusch, wenn man abends nach einem stressigen Tag heimkommt? Das Plätschern in der Badewanne. Inszenieren Sie das gemeinsame Bad nach Feierabend bei Kerzenschein, Prosecco und dezenter Musik. Regelmäßig angeboten entwickelt sich dadurch ein Verstehen ohne Worte. Dann weiß Ihr Partner, dass Sie in der richtigen Stimmung sind – allein dieser Gedanke erregt ihn dann schon. Steigt er ohne viel zu reden ins Wasser, massieren Sie ihn … Und der Rest bleibt Ihrer Fantasie überlassen.

Sie haben Post – ganz nostalgisch per Liebesbrief

In Zeiten von E-Mails und SMS geradezu eine altmodische Anregung: Solch ein handgeschriebener Brief hat durchaus erotisierende Wirkung. Die Spannung erhöhen Sie zusätzlich, indem Sie den Brief ganz offiziell mit der Post verschicken. Oder ihn Ihrem Partner auf eine (Geschäfts-)Reise mitgeben …

Geschenke erhalten auch die Liebe
Basteln Sie Ihrem Partner doch mal einen Adventskalender – gefüllt mit 24 sexy Überraschungen, kleinen Liebesbriefen, erotischen Botschaften – oder überreichen Sie ihm zum Geburtstag ein Geschenk, das ihm gleich Lust macht, es mit Ihnen auszuprobieren …

Die Collage Ihrer Wünsche
Eine Idee für alle, die nicht so gern sprechen und schreiben, sondern eher in Bildern denken und fühlen: Vielleicht haben Sie Spaß daran, Ihre sexuellen Wünsche und Träume als Collage zu kleben. Nur für sich selbst – oder als anregende Überraschung und Inspiration zum gemeinsamen Ansehen?

Machen Sie sich schlau
Die Welt der Erotik ist kunterbunt – und wer nicht weiß, was alles möglich ist, weiß auch nicht, was ihm gefällt. Deshalb lesen Sie erotische Literatur, schauen Sie sich Filme an, vielleicht auch Pornos … Es gibt inzwischen übrigens einige frauenfreundliche Pornofilme, die sogar noch so etwas wie eine Handlung haben. Probieren Sie es ruhig aus, bevor Sie die Idee unbesehen verwerfen, denn viele Menschen sind contra Pornos, obwohl sie noch niemals einen gesehen haben!

Kamasutra, Tantra & Co.
Ein wenig Abwechslung im Schlafzimmer kann nicht schaden. Lassen Sie sich dafür ruhig von fernöstlicher Liebeskunst und schönen Büchern zu Tantra oder Kamasutra inspirieren. Dank anregender Fotografien macht diese Literatur sicher beiden ganz schnell Lust auf mehr …

Heißes Vorspiel: Rasieren Sie sich gegenseitig
Schlagen Sie ihm folgenden Deal vor: Er darf Sie an all den Körperstellen rasieren, die er bei Ihnen gern ohne Haare sehen und fühlen möchte – und danach sind Sie bei ihm dran. Das kann sehr erotisch sein, vor allem schön inszeniert mit Musik und Kerzen im Bad.

Sagen Sie ihm, wie viel intensiver Sie ihn spüren, wenn Sie selbst rasiert sind. Er wird neugierig werden – und bald merken, wie viel sensibler auch er Ihre Berührungen empfindet, wenn keine Haare im Weg sind. Gut möglich, dass Sie beide in Zukunft häufiger zum Rasierer greifen!

Werden Sie zur Vorleserin

Lesen Sie Ihrem Partner eine Geschichte oder Auszüge aus einem Buch vor, die Sie sehr ansprechen. In jedem Buch gibt es im Grunde solche Stellen.

Am besten ist es natürlich, wenn man sich erst mal mit der eigenen Sexualität beschäftigt. Gestatten Sie mir also die Frage: Kennen Sie Ihren Körper? Wissen Sie denn, was Ihr Partner sieht, wenn er Sie genau anschaut? Also nicht nur Ihr Gesicht, sondern auch Ihre Vagina, Ihren Bauch, Po, Schultern, Hals, Ohren …? Wissen Sie, was Ihnen wirklich Lust bereitet? Ich frage das, weil ich glaube, dass man zunächst sich selbst kennenlernen muss, bevor man neue Seiten in seinem Sexleben aufschlagen kann.

Inszenieren Sie Ihre eigene Erotikshow

Finden Sie heraus, was Ihnen erotisches Vergnügen bereitet: bestimmen – oder bestimmt werden? Führen – oder geführt werden? Vergessen Sie nicht: Sie sind die Regisseurin Ihrer Show!

Aber: Was macht einen guten Thriller aus? Die Spannung. Die erzeugt man nicht, indem man den Helden in eine Prügelei verwickelt. Sondern indem sich Handlung entwickelt: Er muss mal fliehen, mal zur Ruhe kommen, mal läuft ihm die Zeit davon, mal der Gegner hinterher – und dann fiebern wir mit. So ist es auch beim Sex.

- Wechseln Sie das Tempo, wechseln Sie die Intensität, wechseln Sie die Lautstärke. Lassen Sie Ihre Bewegungen nicht stärker werden, sondern zarter, kleiner, bis Sie selbst sie kaum noch spüren. Und wenn Ihr Partner nur noch schwer zu bremsen ist, stoppen Sie ihn mit Worten und Taten.
- Es ist eigenartig, aber oft glauben wir schon nach kürzester Zeit zu wissen, was unseren Partner am meisten stimuliert. Doch das

täuscht: Wir kennen meist nur die kleinen Tricks und Reize, die wir zufällig während der ersten Monate des Miteinanders kennengelernt haben.

- Sich gegenseitig gründlich zu erforschen, das machen nur wenige Paare wirklich. Das ist schade, denn so setzen sie nur einen Bruchteil dessen ein, womit sie einander Lust bereiten könnten. Außerdem ändern sich reizbare Zonen und sexuelle Vorlieben im Lauf der Zeit und mit zunehmender Erfahrung.
- Deshalb bleiben Sie neugierig aufeinander – das hält den erotischen Reiz dauerhaft lebendig.

Erotik für Spieler

Wenn wir den Sex spielerisch angehen, geben wir ihm auch seine Leichtigkeit zurück. Spielen hat etwas Unverbindliches. Es folgt zwar bestimmten Regeln – kann aber auch „abgebrochen" werden, wenn für einen von beiden die Grenze erreicht ist. Erotische Spiele bieten aber noch mehr: Wenn wir in die Rolle eines anderen schlüpfen, können wir nämlich manchmal mehr von uns selbst ausleben als sonst – Facetten, die wir uns in unserer Alltagsidentität nicht erlauben würden.

Das spielerische Erkunden der Sexualität hilft, mit dem Partner über die eigenen Wünsche ins Gespräch und zum Austausch zu kommen. Dass dabei manchmal die eine oder andere moralische Hürde im Kopf genommen werden muss, steht außer Frage.

Erotische Spiele haben keine Grenzen, auch der Einsatz von Sex-Toys kann dazu gehören. Zudem gibt es Karten- und Brettspiele, die der Fantasie auf die Sprünge helfen können.

IDEEN FÜR DIE PRAXIS: spielerischer Sex

Sex und Spiel – das passt wunderbar zusammen. Spielen Sie miteinander, spielen Sie mit Ihren Identitäten, haben Sie Spaß miteinander und probieren Sie unbeschwert aus, was in Ihnen steckt.

Wie wär's mit einem Rollentausch?
Die Balance von Aktiv und Passiv, Nehmen und Genommen werden findet wohl jeder Mensch interessant. Wissen Sie, welche Rolle Sie gewöhnlich spielen? Dann übernehmen Sie jetzt einmal den Part, den sonst eher der Partner innehat – etwa die aktivere, treibende Kraft zu sein. Diesmal werden Sie ihn verführen und nehmen. Und er tut das Gegenteil, ist passiv empfangend und greift nicht ins Geschehen ein. Sie werden merken, dass es ganz schön herausfordernd sein kann, mal die ungewohnte Rolle zu spielen. Aber dieser Wechsel wird Ihnen einen neuen Blick auf sich selbst und Ihren Partner eröffnen.

Schlüpfen Sie in fremde Rollen
Der Fantasie sind bei erotischen Rollenspielen keine Grenzen gesetzt. Wichtig ist jedoch, dass man vorher abspricht, wie weit man gehen will, und dass beide Partner ihren Spaß dabei haben. Ein erotisches Rollenspiel ist eine fantasievolle Erkundungsreise. Es kann den Alltag aufregender machen und auch als Vorspiel zum Sex dienen. Sie brauchen dazu nur Fantasie, etwas Mut und ein wenig Organisationstalent.

Am besten denken Sie sich vorher schon ein kleines Drehbuch aus: Wie soll das Rollenspiel konkret ablaufen? Wo spielt die Handlung, wer tut was …? Nicht selten verleiht bereits diese gedankliche Auseinandersetzung dem eingeschlafenen Sexleben Flügel.

Zu den wohl ältesten Rollenspielen gehören die sogenannten Doktorspiele. Dabei spielt ein Partner den Arzt, während der andere den Patienten darstellt. Ebenfalls beliebt: Erziehungsspiele. Dabei übt der eine Partner den dominanten Part aus, der andere gibt sich dagegen entweder devot und gehorsam oder aufsässig, sodass er „erzogen" werden muss.

Rollenspiel verschärft …
Eine noch aufregendere Rollenspiel-Variante ist es, das Ganze ab und an auch mal in der Öffentlichkeit zu spielen! So kann man sich zum Beispiel in einer Bar miteinander verabreden, wo man sich

als Callboy ausgibt, der dann sozusagen gemietet wird. Für diese Spielvariante setzt sie sich an einen Tisch, zu dem er dann hingeht, um mit ihr über den Preis und ihre erotischen Wünsche zu verhandeln.

Oder Sie verabreden sich mit dem Partner in einem Supermarkt, einer Gaststätte oder einem anderen öffentlichen Ort. Dort tun beide so, als hätten sie sich noch nie gesehen, sie begegnen sich rein zufällig – und sofort sind sie voneinander angetan, es kommt zu einem spontanen Date, das schließlich im Bett oder hinter der Gaststätte endet.

Lassen Sie sich in die Karten sehen …

Ich habe vor einiger Zeit ein Kartenspiel bekommen, von dem ich sehr begeistert bin (Bezugsadresse siehe Anhang, ab Seite 157). Die Partner spielen miteinander, tauschen sich dabei zu sexuellen Wünschen und Vorlieben aus, haben viel Gelegenheit, einander zu berühren … Probieren Sie es aus!

Die Würfel sind gefallen!

Für diese Anregung brauchen Sie nur einen Würfel, Papier und Stift. Zunächst schreiben Sie und Ihr Partner jeweils sechs Sex-Ideen auf, die Sie ausprobieren möchten. Das können bestimmte Praktiken sein oder außergewöhnliche Locations – lassen Sie Ihrer Fantasie freien Lauf! Nun haben Sie insgesamt 12 verschiedene Möglichkeiten. Jeder der Partner darf jetzt auf der Liste des Partners drei Optionen streichen – Ihr Vetorecht sozusagen. Jetzt haben Sie eine Liste mit sechs realisierbaren Vorschlägen für neue sexuelle Inspirationen vor sich liegen. Nummerieren Sie diese von eins bis sechs durch. Nun kommen die Würfel und das Glück ins Spiel.

Würfeln Sie abwechselnd. Die jeweilige Augenzahl, die erreicht wird, bringt einen Strich für die entsprechende Nummer auf der Vorschlagsliste. Der Punkt auf der Liste, der als Erster drei Treffer erzielt hat, wird umgesetzt. Auf diese Weise ist Abwechslung garantiert!

Variante für Eilige: Würfeln Sie nur einmal und nehmen Sie sich die Idee vor, die Sie „erwürfelt" haben.

Drei mal drei
Entdecken Sie Ihre erotischen Hotspots neu! Das kann spielend gelingen!

Er sagt: „Ich mache jetzt drei verschiedene Dinge und du sagst nichts dazu, und erst danach beantwortest du mir, was dir davon am besten gefällt."

Sie genießt und schweigt – und bewertet danach die drei Verwöhnoffensiven mit Punkten: 3, 2, 1. Es kann sich beispielsweise um drei Varianten der gleichen Sache handeln – vielleicht Oralsex, denn die feinen Unterschiede machen sich gerade hier bemerkbar! Es können aber genauso gut drei völlig verschiedene sexuelle Praktiken „präsentiert werden". Bei nächster Gelegenheit tauschen Sie die Rollen in dem Forschungsabenteuer.

Leben Sie sich aus
Warum nicht auch ein bisschen mit Fetischen spielen? Die sind nämlich wirklich harmlos und erst dann ein „problematisches" Thema, wenn man nicht mehr ohne kann, es also ein absolutes Muss wird. Das wäre beispielsweise der Fall, wenn ein Paar nur Sex haben kann, solange einer oder beide einen stimulierenden Zusatz haben. Schwierig wird es auch, wenn ein Partner mit dem anderen nicht (mehr) mitgehen kann.

Erinnern Sie sich an Ihre Träume
Manchmal kommen Menschen auch durch Träume auf Ideen: Was träumen Sie? Wie träumen Sie? Ein Traumtagebuch zu führen, kann helfen, Impulse aufzuzeigen, die das Sexleben bereichern können.

Erotische Grenzgänge für Mutige

Ich glaube, dass wir manchmal auch gewisse Grenzen überschreiten müssen, um uns sexuell weiterzuentwickeln. Wichtig ist dabei immer das Gespür für sich selbst: Etwas zu wagen und dennoch man selbst und somit authentisch zu bleiben ist das Allerwichtigste!

IDEEN FÜR DIE PRAXIS: gehen Sie noch ein Stück weiter

Gerade Paare, die sehr viel Vertrauen zueinander haben und gern Neues miteinander erleben, können auch ab und an wagen, miteinander beim Sex noch Unbekanntes auszuprobieren. Versuchen Sie es doch mal mit einem der folgenden Vorschläge!

Schreiben Sie Ihr erotisches Wörterbuch

Mit dem gemeinsamen erotischen Wörterbuch gewähren Sie einander mitunter tiefe Einblicke in Ihre geheimen Wünsche und Vorlieben. Zunächst gilt es ein passendes Büchlein auszuwählen, das von nun an wechselseitig von Ihnen und Ihrem Partner genutzt wird. Wählen Sie jeweils gemeinsam fünf Schlagworte aus, die es in den folgenden zehn Tagen zu definieren gilt. Reservieren Sie für jedes Schlagwort eine Seite für Ihren Partner und eine für sich selbst.

Ein Beispiel: Schlagwort *Sex machen*. Darunter schreiben Sie, mit welchen Begriffen Sie *Sex machen* am liebsten umschreiben oder benennen, welche Begriffe Sie mögen und welche Sie auf keinen Fall hören möchten.

Ein weiteres Beispiel: Schlagwort *Stellungen*. Hierunter schreiben Sie, welche Stellungen beim Sex Ihnen den meisten Spaß machen – und welche Sie nicht mögen.

Das Büchlein pendelt innerhalb von 24 Stunden von einem Partner zum anderen – und am nächsten Tag wieder zurück, bis alle Schlagworte „abgearbeitet" sind.

Es ist auch vorstellbar, dass Sie jeweils eigene Gedanken zu bestimmten Begriffen niederschreiben, so kann vielleicht zum Stichwort *Selbstbefriedigung* jeder das schreiben, was ihm dazu einfällt.

Das erotische Wörterbuch lässt sich beliebig erweitern.

Selbstbefriedigung parallel

Zeigen Sie Ihrem Partner, wie Sie sich selbst befriedigen. Er darf nur Zuschauer sein ... wenn er es denn aushält. Oder Sie sitzen oder stehen einander gegenüber, während sich jeder selbst befriedigt, und sehen Sie sich dabei in die Augen … Das ist Intimität pur!

Würfelspiel für Wagemutige

Trauen Sie sich mehr. Das auf Seite 143 beschriebene Würfelspiel können Sie beliebig „verschärfen", indem Sie vorher etwas ambitioniertere Aufgaben vereinbaren als „Küsschen hier, Küsschen da". Stattdessen stünde dann beispielsweise zur Debatte: „Ich mach's mir und du schaust zu" und umgekehrt.

Geheime Träume zusammen ausleben

Sie träumen beide schon lange von einem Dreier? Sex mit Dritten ist für viele eine geheime Fantasie. Sie umzusetzen bedeutet, viel Vertrauen zueinander zu haben.

Ich glaube, auch hinsichtlich sexueller Fantasien wissen wir im Grunde unseres Herzens, was wir mögen, aber der Verstand, der immer die rationale Führung übernimmt, hindert uns daran, wirklich zu leben, ganz im Jetzt zu sein. Würde es uns besser gelingen, den Moment bewusst zu nutzen und zu leben, dann würden unser Körper und unsere Seele genau wissen, was sie gerade brauchen. Dafür bedarf es einfach Übung darin, achtsam zu sein, Verantwortung zu übernehmen und Frustration auszuhalten.

Es muss auch gar nicht unbedingt der berühmte Dreier sein: Vielleicht träumen Sie schon jahrelang davon, mal leidenschaftlichen, schnellen Sex im Freien zu haben? Das lässt sich recht einfach umsetzen! Planen Sie den nächsten Ausflug zu zweit doch mal in eine Gegend, die nicht allzu überlaufen ist …

Fragebogen: Wie steht's um Ihre Fantasien?

Trauen Sie sich: Diesen Fragebogen können Sie zweimal kopieren – und dann legen Sie los: Beide füllen ihn aus und danach tauschen Sie sich darüber aus, was Ihnen dazu so alles eingefallen ist. Und vielleicht bleibt es ja nicht beim Reden …

Ganz wichtig: Seien Sie ehrlich. Schreiben Sie wirklich auf, was Sie selbst wollen – ohne erst nachzudenken, was Ihr Partner wohl möchte.

Frage 1

Wir formulieren in unserer Kommunikation oft Wünsche als Vorwürfe – deshalb kommen sie nicht gut beim anderen an. Das können Sie ganz leicht verändern (siehe VW-Regel, Seite 56)! Ein Beispiel: formulieren Sie statt des Vorwurfs „Nie organisierst du etwas!" den Wunsch „Ich würde mich freuen, wenn du mich mal wieder überraschen würdest". Verwandeln Sie hier drei gesagte oder gedachte Vorwürfe in Wünsche.

Satz Nr. 1

____

Satz Nr. 2

____

Satz Nr. 3

____

Frage 2
Nennen Sie drei Aussagen: Was finden Sie an Ihrem Partner besonders schön, sexy oder aufregend? Schreiben Sie es auf, zum Beispiel „Dein Blick macht mich an" (siehe auch Seite 76).

Erste Aussage

___

Zweite Aussage

___

Dritte Aussage

___

Fällt Ihnen noch mehr ein?

___

Frage 3
Machen Sie mindestens drei Körperteilen Ihres Partners ein Kompliment, das am besten auch noch mit Ihrem Sexleben zu tun hat. Zum Beispiel: „Deine Hände spüre ich am liebsten auf meinen Brüsten."

Kompliment Nr. 1

___

Kompliment Nr. 2

___

Kompliment Nr. 3

___

Fällt Ihnen noch mehr ein?

___

Frage 4

Schreiben Sie einen ausgedachten erotischen Traum *mit Ihrem Partner in der Hauptrolle auf* (siehe auch Seite 78).

Frage 5

Schreiben Sie drei Wünsche oder Anregungen auf. Was wünschen Sie sich von Ihrem Partner beim nächsten Beisammensein (zum Beispiel „Ich will, dass du mich langsam ausziehst")?

Erster Vorschlag

Zweiter Vorschlag

Dritter Vorschlag

Frage 6

Wie erregend finden Sie die folgenden Worte? Kreuzen Sie spontan den Smiley an, der beim Lesen am ehesten Ihrem Gefühl entspricht. Das sind nur Anregungen – vielleicht fallen Ihnen viel bessere Worte dafür ein?

☺😐☹ Vögeln	☺😐☹ Sex haben	☺😐☹ Ficken
☺😐☹ Poppen	☺😐☹ Lecken	☺😐☹ Blasen
☺😐☹ Schwanz	☺😐☹ Penis	☺😐☹ Riemen
☺😐☹ Möse	☺😐☹ Pussy	☺😐☹ Muschi

Frage 7

Signalisieren Sie, was Ihnen gefallen würde, indem Sie den entsprechenden Smiley markieren! Fällt Ihnen noch mehr ein?

☺😐☹ Outdoor	☺😐☹ Oralsex	☺😐☹ Analsex
☺😐☹ Intimrasur	☺😐☹ Fesselspiele	☺😐☹ Rollenspiele
☺😐☹ Pornos anschauen	☺😐☹ Besuch im Swingerclub	☺😐☹ Dessous tragen
☺😐☹ Filmen oder Fotografieren	☺😐☹ Telefonsex	☺😐☹ Dreier

Frage 8

Was würde Ihnen als Vorspiel besonders gut gefallen? Schreiben Sie drei Ideen auf (etwa: einander massieren, gemeinsam baden …).

Erste Idee

Zweite Idee

Dritte Idee

Frage 9

Denken Sie sich ein Rollenspiel aus! Vielleicht zu folgender Situation: Sie sind allein zu Hause und hören, dass jemand an der Tür ist! Was könnte jetzt passieren? Werden Sie von jemandem „überfallen" (den Ihr Partner spielt)? Oder Sie schreiben es aus der Perspektive desjenigen, der nach Hause kommt: Liegt der andere schon nackt im Bett, schläft vielleicht? Und Sie ziehen sich ebenfalls aus und … Entwerfen Sie das Drehbuch und dann: Viel Spaß beim Spielen!

____

____

____

____

____

____

Frage 10

Wie haben Sie es „danach" am liebsten? Was möchten Sie gern nach dem Sex erleben? Notieren Sie drei Möglichkeiten, wie zum Beispiel miteinander kuscheln, entspannt einschlafen, die Zigarette danach, miteinander reden …

Erste Idee

____

Zweite Idee

____

Dritte Idee

____

Frage 11

Wenn Ihr Partner Ihre erogenen Zonen benennt – welche Bezeichnungen gefallen Ihnen dann besonders gut (zum Beispiel Lustgrotte, Rakete, Möpse, Liebesstab …)?

Frage 12

Schreiben Sie auf, an welches besonders prickelnde Zusammensein mit Ihrem Partner Sie sich am liebsten erinnern.

Frage 13
Wie wichtig ist Ihnen Sex?

- ☐ sehr wichtig
- ☐ nicht so wichtig
- ☐ brauche ich gar nicht

Frage 14
Wie oft wünschen Sie sich Sex? Markieren Sie auf dem Balken eine ungefähre Stelle.

täglich wöchentlich monatlich jährlich nie

Frage 15
Schreiben Sie drei Orte auf, an denen Sie so richtig heißen, aufregenden Sex mit Ihrem Partner hatten (zum Beispiel im Fahrstuhl, auf dem Schreibtisch des Chefs, auf dem Küchentisch ...). Vielleicht würden Sie das gern wiederholen?

Sexy Hotspot Nr. 1

____

Sexy Hotspot Nr. 2

____

Sexy Hotspot Nr. 3

____

Frage 16

Wie würden Sie nach einem stressigen Tag am liebsten von Ihrem Partner empfangen werden? In der Badewanne mit Kerzenschein und Prosecco? Auf Ihrer Terrasse oder im Garten mit Decke und leckerem Picknick? Schreiben Sie Ihre drei Lieblingsfantasien auf!

Romantik-Idee Nr. 1

Romantik-Idee Nr. 2

Romantik-Idee Nr. 3

Frage 17

Rollenspiele – welche machen Sie an? James Bond und sein Bond-Girl, der Vampir und seine Auserwählte, ein Date mit dem heimlichen Geliebten, Entführer und Geisel – oder Sex mit dem heißen Unbekannten im ICE? Notieren Sie drei Rollenspiel-Variationen, die Sie sich gut vorstellen können!

Erste Idee

Zweite Idee

Dritte Idee

Frage 18

Was würden Sie gern vom Körper Ihres Partners naschen? (zum Beispiel Sushi, Schokolade, Sahne, Rotwein)

____

____

Frage 19

Mit welchen Sexspielzeugen würden Sie sich gern verwöhnen lassen – mit dem Vibrator, einem Dildo oder mit Liebeskugeln? Etwas ganz anderem? Schreiben Sie mindestens drei Stück auf!

____

____

Frage 20

Wie gefällt Ihnen die Vorstellung, dass Ihr Partner Ihnen dabei zusieht, wie Sie selbst befriedigen?

- ☐ Das geht gar nicht!
- ☐ Ich fänd es sehr schön.
- ☐ Das weiß ich noch nicht.

Frage 21

Und wenn Ihr Partner das vor Ihren Augen machen würde?

- ☐ Das geht gar nicht!
- ☐ Ich fänd es sehr schön.
- ☐ Das weiß ich noch nicht.

UND JETZT: Reden Sie miteinander …

Über das, was Sie bei diesem Fragebogen hier geantwortet haben zum Beispiel. Vielleicht sind Ihnen auch Ideen gekommen, die Sie jetzt gern direkt mit Ihrem Partner umsetzen möchten? Ich wünsche Ihnen viel Freude dabei – und dass Sie miteinander im Gespräch bleiben!

Hören Sie nicht auf, sich auszuprobieren

Nachdem Sie dieses Buch nun gelesen haben, werden Sie hoffentlich die eine oder andere Anregung daraus umsetzen. Vielleicht sind Sie beim Lesen auf neue Ideen gekommen, haben neue Gedanken gehabt? Dann gehen Sie diesen in jedem Fall nach und setzen Sie sich damit auseinander. Zusammenfassend hier noch einige Punkte, die mir am Herzen liegen:

- Hürden zu überwinden lohnt sich, aber ich sage nicht, dass es leicht ist!
- Je mehr Sie auf Anerkennung, Bestätigung, Begehren und Liebe angewiesen sind, desto fremdbestimmter leben Sie. Doch nur Selbstbestimmung schenkt Ihnen Zufriedenheit.
- Erst Sinnlichkeit lässt Erotik entstehen. Die Lust des einen speist sich durch die des anderen – so wächst Leidenschaft.
- Bewerten Sie den Orgasmus nicht als alleinigen Maßstab: Er ist beim Sex die Kür, jedoch keine Pflicht!
- Das Ziel ist einfach zu erreichen, wenn Sie auf dem Weg bleiben, der da ist: Offenheit statt Verschlossenheit, aktiv statt passiv, Hingabe statt Selbstaufgabe.
- Erfüllender Sex ist eine wichtige Energiequelle – für jeden Menschen. Man kann bestimmt auch ohne ihn (über)leben! Aber wollen Sie das noch?

Ich wünsche Ihnen viel Freude beim Experimentieren, Probieren, Wagen und Erleben!

Anhang

Quellenverzeichnis

1 Vgl. Ulrich Clement: Erotik – eine Frage der Entscheidung. Erschienen in: Psychologie heute, Juni 2005, S. 26–29
2 Nach einem Beitrag von Gerald Hüther unter www.swr.de/swr2/programm/sendungen/wissen/-/id=8922982/property=download/nid=660374/1swr1co/swr2-wissen-20111204.pdf
3 Schnarch, David: Die Psychologie sexueller Leidenschaft, Piper, 3. Aufl. 2009, S. 66 ff
4 Clement, Ulrich: Systemische Sexualtherapie. Klett-Cotta, 4. Aufl. 2008, S. 190 ff
5 Prior, Manfred: MiniMax-Interventionen, Carl Auer, 7. Aufl. 2007, S. 88 ff
6 Vgl. auch Schnarch, David: Intimität und Verlangen. Sexuelle Leidenschaft wieder wecken. Klett Cotta, 3. Aufl. 2012, S. 130–162
7 Fromm, Erich: Die Kunst des Liebens. Ullstein, 60. Aufl. 2003, S. 11 ff
8 „Der Spiegel", Nr. 45/10 vom 08.11.2010, S. 76: Die Paarungsfalle
9 David Schnarch, Psychologie der sexuellen Leidenschaft, Piper, 3. Aufl. 2009, S. 189 ff

Literaturtipps

Ein Tipp: Vielleicht möchten Sie erotische Geschichten lieber gemeinsam hören, als sie einander vorzulesen? Kein Problem: Viele anregende Bücher bekommt man auch als Audiobook!

Barbach, Lonnie: „Welche Farbe hat die Lust? Ullstein, Neuausgabe 2008 *(21 erotische Erzählungen von Frauen, die Partner einander vorlesen können.)*

Brown, Douglas: 100 Tage Sex – Wie ein Ehepaar sein Liebesleben wieder in Schwung brachte. Heyne, 2. Aufl. Deutsche Erstausgabe 2009 *(Ein Elternpaar stellt fest, dass sein Liebesleben unter dem Alltag leidet. Die beiden beschließen, an 100 aufeinanderfolgenden Tagen Sex zu haben – jeden Tag, ohne Ausreden!)*

Fromm, Erich: Authentisch leben. Herder, 7. Aufl. 2011 (13. Gesamtaufl.) *(In diesem Buch geht es um das Wissen, was die eigene Person ausmacht, und darum, sich nicht von außen leiten zu lassen. Keine Fassadenexistenz zu führen, sondern intensiv zu fühlen und authentisch zu leben.)*

Hüther, Gerald: Männer – Das schwache Geschlecht und sein Gehirn. Vandenhoeck & Ruprecht, 2009 *(Für mich ein Buch, um Männer noch besser zu verstehen; sehr anschaulich und unterhaltsam.)*

James, E. L.: Shades of Grey. Alle 3 Bände – 1. Geheimes Verlangen 2. Gefährliche Liebe 3. Befreite Lust. Goldmann, 2012 *(Ich erfahre in meiner Praxis immer wieder, dass die Bestimmtheit des Mr. Grey sehr viele Frauen anspricht. Literarisch sicher kein Meisterwerk, aber voller guter Anregungen, um die sexuelle Kommunikation in Gang zu bringen.)*

Liebling & Schatz: Höchste Paarungszeit. Erotisches für Eltern im Alltagschaos. Südwest, 2013 *(Alle Elternpaare, denen ihr Sexleben abhandengekommen ist, finden hier Ideen, erotische Geschichten und witzige Einfälle, um der Lust wieder auf die Sprünge zu helfen. Alltagsnah, unterhaltsam, anregend!)*

Pollak, Kay: Durch Begegnungen wachsen – Für mehr Achtsamkeit und Nähe im Umgang mit Menschen. Südwest, 2009 *(Der Autor beschreibt, wie Menschen durch Begegnungen wachsen können – und wie man es schafft, besser mit anderen Menschen zu kommunizieren. Dieses Buch gehört unter jedes Kopfkissen!)*

Réage, Pauline: Geschichte der O und Rückkehr nach Roissy. F. A. Herbig Verlagsbuchhandlung GmbH, 8. Aufl. 2000 *(Ein Klassiker aus den 1950er-Jahren, der damals ebenso viel Aufsehen erregte wie heute „Shades of Grey".)*

Rosenberg, Marshall B.: Gewaltfreie Kommunikation – Aufrichtig und einfühlsam miteinander sprechen. Junfermann, 2003 *(Worte führen oft zu Verletzung und Leid, bei sich selbst und bei anderen. Die Gewaltfreie Kommunikation hilft, den sprachlichen Ausdruck und die Art zuzuhören zu verändern.)*

Willi, Jürg: Die Zweierbeziehung. Rowohlt Taschenbuch, Neuaufl. 2012 *(Ein tolles Buch über Partnerwahl und das unbe-*

wusste Zusammenspiel in der Liebe. Erklärt, wie Beziehungen die persönliche Entwicklung beeinflussen.)

CDs zum Entspannen

Kohtes, Paul J.: Das Buch vom Nichts. (Buch mit Audio-CD) Gräfe und Unzer 2012

Kornfield, Jack: Meditation für Anfänger. (Buch mit Audio-CD). Arkana (12. Aufl.) 2007

Müller, Else: Du spürst unter deinen Füßen das Gras: Autogenes Training in Phantasie- und Märchenreisen. Fischer Taschenbuch (28. Aufl.) 2010

Spielerische Ideen

Kommunikation per Kartenspiel? Unter www.das-spiel-eden.de können Sie „Das Spiel Eden" bestellen, das ähnlich wie ein Quartett funktioniert und bei dem es um Ihr Liebesleben, geheime Wünsche und brennendes Verlangen geht – sicher interessanter als jeder Fernsehabend!

Liebeskugeln – und mehr bekommen Sie in jedem Sexshop. Wenn Sie in nächster Zeit an keinem vorbeikommen oder da nicht hinwollen, bestellen Sie einfach per Internet, zum Beispiel hier: www.joydivision-international-ag.de

Filme

Bliss – Im Augenblick der Lust. Triumph Films, 1997 (FSK 16) *(Ein frisch verheiratetes Paar, das wegen verschiedener Bagatellen zum Eheberater geht – und schließlich bei einem umstrittenen Sextherapeuten landet. Der Film zeigt, dass Sex keine Orgasmus-Turnübung ist, sondern vor allem Leidenschaft.)*

Eyes Wide Shut. Warner Bros. Pictures, 1999 (FSK 16) *(Erotik vom Feinsten … Maskenball und Verführung außerhalb der Ehe.)*

Henry & June. Universal, 1990 (FSK 16) *(Die Geschichte von Henry Miller und Anäis Nin, die ja beide bekannt durch ihre erotische Literatur wurden. Viel Sex, viel erotische Spannung – ein anregender Film.)*

Kontakt zur Autorin

Sie können mir gern schreiben unter:
bettgefluester@beziehungspraxis.de.

Meine Praxis finden Sie im Internet unter:
www.beziehungspraxis.de.

Und in meinen Blog können Sie hineinlesen unter:
www.beziehungsvoll.de.

Ich danke …

… allen meinen Klienten, besonders denen, die in diesem Buch Erwähnung finden und mir durch ihr Vertrauen immer wieder dabei helfen, eine passable Therapeutin zu werden.

… meiner Mutter Elke, dass sie weder Kosten noch Mühen scheut, um für mich und ihre beiden Pubertätsenk(g)el Elliott und Cecil immer da zu sein, und selbigen, dass sie uns viel Freude machen – mit allem, was dazugehört.

… meinem Vater Torsten für die immer ehrliche, leidenschaftliche Kommunikation, die nie nachhaltig destruktiv ist.

… meinem Vater Paul & Co. und ich hoffe, dass wir noch viele Feste gemeinsam feiern können.

… meinem Oheim Micha, den ich sehr schätze – so wie er ist.

… meiner Freundin Anja-Steph, die mich seit 40 Jahren durch das Leben begleitet.

… meiner Freundin Nic, die mir immer wieder äußerst beharrlich aufzeigt, wie kurz, kostbar und liebenswert das Leben ist.

… allen meinen weiteren Freunden für ihr Verständnis, ihre Unterstützung und Akzeptanz in meinem bewegten Leben.

… den Verlagsdamen Gertrud Teusen, Daniela Völker, Stefanie Heim und Silke Kirsch für ihren Glauben an mich.

… meiner Lektorin Ina Raki, die hielt, was sie versprach.

… Stefan Linde für sein pfiffiges „Dauer-Ohr".

… Thomas Owezarek für seine diversen Noteinsätze.

… Robert für seine unvergleichliche Offenheit.

… Petar für seine unglaubliche Kreativität, Berührbarkeit und Liebe.

… Hüriş dafür, dass wir sie noch ein letztes Mal sehen konnten.